DIE ANWENDUNG DES SEILES
IN FELS UND EIS

PIT SCHUBERT

Die Anwendung des Seiles in Fels und Eis

Mit Zeichnungen von Sepp Laßmann und Georg Sojer

BERGVERLAG RUDOLF ROTHER GMBH · MÜNCHEN

Abbildung gegenüber dem Titel:
Im Steilfels der Leoganger Steinberge.
Foto: Schubert

Umschlag-Farbfotos:
Links: Kletterei am Collodri im Sarcatal.
Rechts: Im Steileis der Schwarzen Schneid (Ötztaler Alpen).
Fotos: Schubert

Bildnachweis (Seitenzahlen):

N. Barth 5, 49; R. Karl 130; R. Lindner 83, 90, 108; H. Mägdefrau 57,
164; H. Pilz 150; K. Puntschuh 177; H. Steinbichler 142;
J. Winkler 106 (1x), 124, 138, 166; Archiv Sicherheitskreis 21, 32 (1x), 46,
47; alle übrigen Bilder vom Autor.

Alle Rechte vorbehalten
Bergverlag Rudolf Rother GmbH, München
35., neu bearbeitete Auflage 1998
ISBN 3-7633-6082-4
Druck: Ferdinand Berger & Söhne Gesellschaft m.b.H., 3580 Horn

Zur Konzeption

Die Anwendung des Seiles als Mittel zur Sicherung in Fels und Eis ist ein klar umrissenes Thema. In der vorliegenden Lehrschrift wird alles zu diesem Thema Wissenswerte gesagt, angefangen bei der Erläuterung der alpintechnischen Ausrüstung über ihre Benutzung als Sicherung und Kletterhilfe bis hin zur Spaltenbergung und Kameradenrettung.

Dabei kann aus Umfangsgründen nur auf all das eingegangen werden, was in direktem Zusammenhang mit der Anwendung des Seiles steht. Alles andere wird vorausgesetzt, so das Wissen über zweckmäßige Bekleidung, angefangen von den Schuhen bis hin zum Steinschlaghelm, das Wissen von der Schwierigkeitsbewertung in Fels und Eis, das Wissen von der Wetterbeurteilung, das Wissen von den Gefahren in Fels und Eis und von anderem nicht direkt mit der Anwendung des Seiles in Zusammenhang Stehendem. Der Leser sei deshalb auf weiterführende Literatur verwiesen.

Inhaltsverzeichnis

Die Seilschaft

Die Seilpartner einer Seilschaft sollen etwa gleich stark sein, das Leistungsniveau soll nicht zu sehr differieren. So kann im Ernstfall jeder der Gefährten jederzeit die Führung übernehmen.

Im Fels bildet die Zweierseilschaft die Regel. Größere Seilschaften sind Ausnahmefällen vorbehalten, im einzelnen wie folgt:

Zweierseilschaft	Dreierseilschaft	Viererseilschaft
ideal bei längeren und schwierigeren Routen (Westalpen, außereuropäische Gebirge) sind zwei Zweierseilschaften anzuraten, da eher zu Hilfsmaßnahmen in der Lage	**Führerpartien** oder bei Fehlen eines vierten Partners (Verwendung zweier Seile; der Seilerste ist an zwei Seilen gesichert, die beiden Nachfolgenden an je einem Seil)	**nicht anzuraten** (zu umständlich, zu langsam)

Die Zweierseilschaft geht überschlagend, solange beide Seilpartner dazu in der Lage sind. Seltener ist die Zweierseilschaft mit einem ausgeprägten Nachsteiger, der nur als Seilzweiter klettert. Der Seilerste (Vorsteiger) trägt dann die Hauptlast der Verantwortung. Gleiches gilt für Führerpartien.

Im Eis ist die Dreier-, gegebenenfalls die Viererseilschaft meist der Zweierseilschaft vorzuziehen. Sie ist eher zu Hilfs- und Rettungsmaßnahmen (Spaltensturz usw.) in der Lage, im einzelnen wie folgt:

Zweierseilschaft	Dreierseilschaft	Viererseilschaft
für schwierige Eiswände und kombinierte Routen; (Westalpen, außereuropäische Gebirge); zwei Zweierseilschaften sind anzuraten	**ideal** für Gletscheranstiege und Begehung nicht zu schwieriger Eiswände	**ideal** für Gletscheranstiege; für Begehung von Eiswänden Aufteilung in zwei Zweierseilschaften

Im Eis muß unterschieden werden zwischen Gletscher- und Wandanstiegen. Auf Gletschern wird gemeinsam (einer immer voran) aufgestiegen, in Eiswänden gelten die Regeln fürs Klettern im Fels.

Das Bergseil

Bergseile sind genormt (EN*) und UIAA**)). Alle Seile, die auf dem Markt angeboten werden, tragen einen entsprechenden Hinweis. Seile können **nicht mehr reißen** im Anseilknoten, im Karabiner der Zwischensicherung und in der Kameradensicherung; dies gilt auch für **gebrauchte** Seile. Seile können nur noch reißen, wenn sie bei Sturzbelastung auf einer Felskante zum Liegen kommen; dann werden sie abgeschert. Diese Gefahr ist statistisch gesehen jedoch äußerst gering: In den letzten fünfzehn Jahren hat sich unter deutschen und österreichischen Kletterern gerade noch ein solcher Seilriß ereignet (s. S. 16).

Seilklassifikation

Nach den Seilnormen wird unterschieden zwischen **Einfach-**, **Halb-** und **Zwillingsseilen**, eine Durchmesserfestlegung gibt es nicht.

Einfachseil Banderolenkennzeichen ①	Durchmesser etwa 10 - 11,5mm	Benutzung **einstrangig**	● Abseilen nur über die **halbe Seillänge** möglich, deshalb Rückzug in schwierigem Gelände immer problematisch
Halbseil Banderolenkennzeichen ½	Durchmesser etwa 9 mm	Benutzung **nur doppelstrangig**	● Benutzung als Zwillingsseil für die **Dreierseilschaft** ● Abseilen über die volle Seillänge möglich

*) **) siehe Fußnote Seite 16

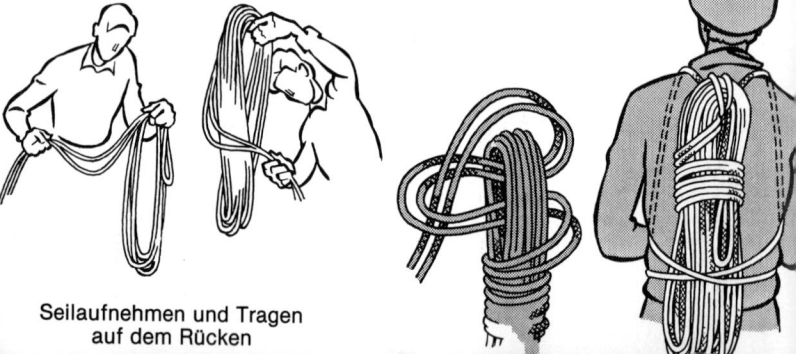

Seilaufnehmen und Tragen auf dem Rücken

Zwillingsseil Banderolen- kennzeichnung	Durchmesser etwa 8,5 mm	Benutzung **nur** **doppel- strangig**	● Benutzung als Zwillingsseil für die **Zweierseil- schaft.** Abseilen- über die volle Seillänge möglich

Seilfestigkeit

Die Seilnormen schreiben nur **Mindestfestigkeitswerte** vor. Halb- und Einfachseile müssen auf der genormten Fallprüfanlage, umge- lenkt über einen Karabiner, belastet im **Einzelstrang** mit einem Fall- gewicht, **fünf Normstürze bruchfrei** überstehen, Zwillingsseile im **Doppelstrang. Halbseile** werden dabei mit einem 55 kg schweren Fallgewicht geprüft, **Einfachseile** und **Zwillingsseile** mit 80 kg.

Die auf dem Markt erhältlichen Seile sind in ihren Qualitätsmerkmalen unterschiedlich, da die Hersteller ihre Produkte teilweise über die Normmindestanforderungen hinaus erheblich verbessert haben. So ist dasjenige Seil als das bei Sturz über Felskanten haltbarste anzusehen, welches die größte Anzahl an Normstürzen aushält.

Alle Seile sind aus Polyamidfasern (Perlon) in Kernmantelkon- struktion gefertigt. Sie bestehen aus einem Kern und einem Mantel, der zum Schutz des Kerns und zur Erhöhung des Kantenarbeitsver- mögens (also zur Unterstützung des Kerns) dient. **Ein Seil, dessen Mantel erheblich beschädigt ist, muß ausgesondert** werden, da sich die beschädigte Stelle bei weiterem Gebrauch sofort vergrößert und ein Handling sehr schnell unmöglich macht.

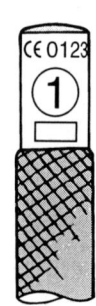

Banderolenkennzeichnung

(ϵ 95 0123

CE-Zeichen (mit unterschiedlichen Nummern) = Konformitätszeichen da- für, daß das Produkt einer Europäi- schen Richtlinie entspricht, bei Berg- steigerausrüstung der sogenannten PSA-Richtlinie und damit den EURO- Normen für Bergsteigerausrüstung.

UIAA-Gütezeichen = Konfor- mitätszeichen dafür, daß das Produkt den UIAA- Normen entspricht, die noch etwas höhere Anforderungen stellen als die EURO-Normen.

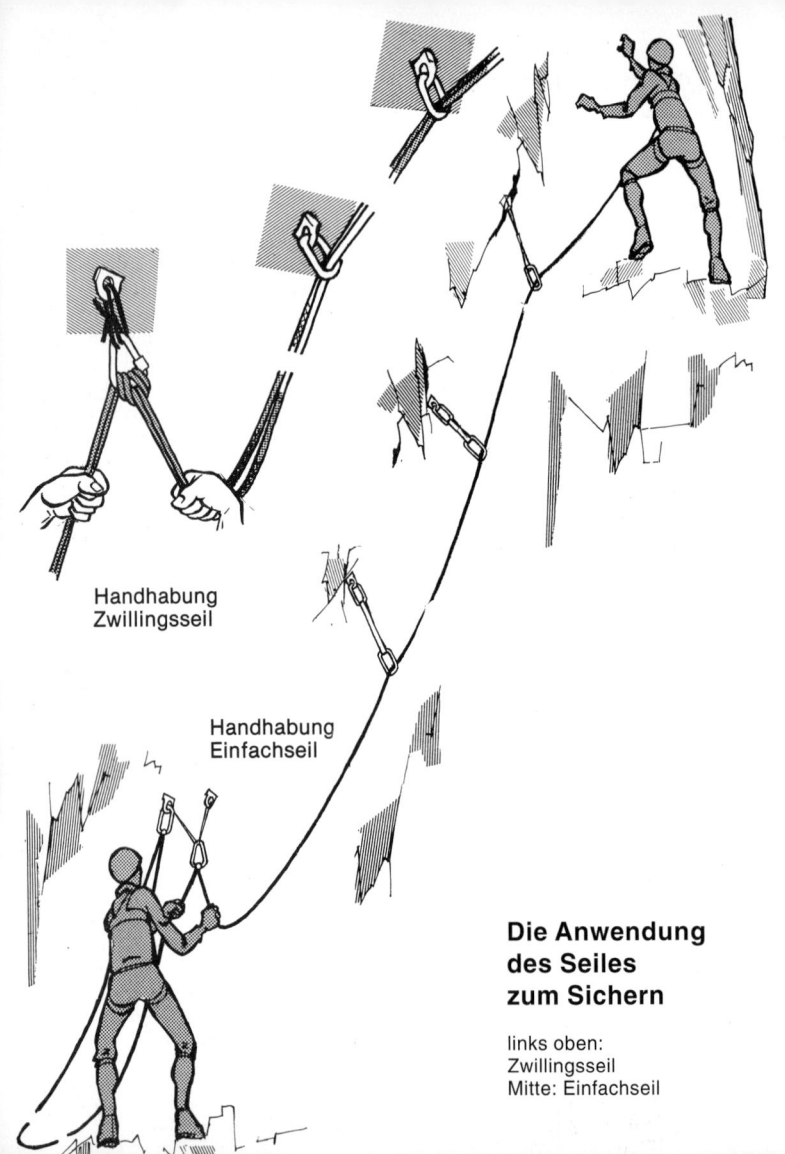

Handhabung
Zwillingsseil

Handhabung
Einfachseil

**Die Anwendung
des Seiles
zum Sichern**

links oben:
Zwillingsseil
Mitte: Einfachseil

Die Anwendung des Seiles zum Abseilen

mit Einfachseil
nur über die halbe
Seillänge möglich

mit Zwillingsseil
(oder zwei Halbseilen)
über die volle
Seillänge möglich

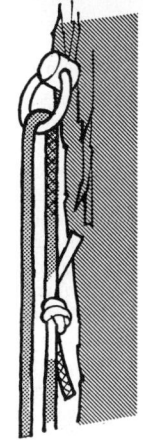

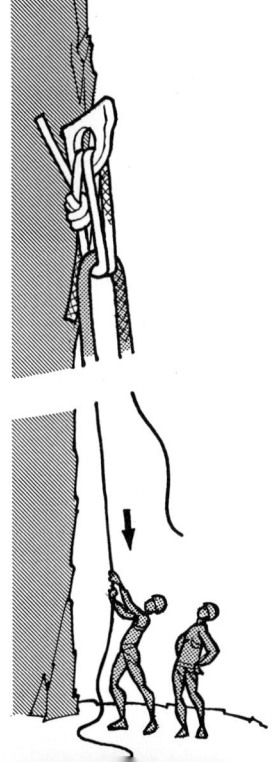

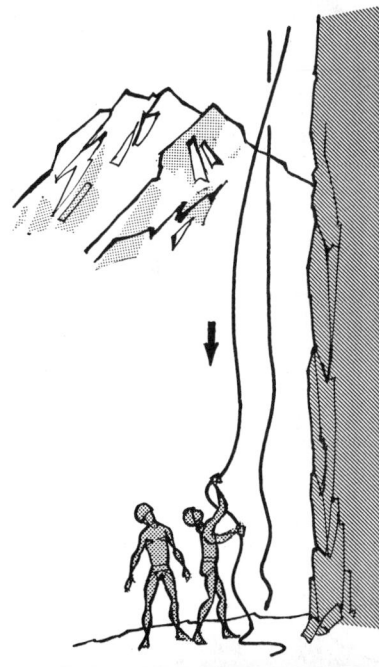

Gebrauchsdauer

Bergseile unterliegen der **Alterung**, die aber bisher überbewertet wurde. Seile können **nicht mehr reißen** im Anseilknoten, **nicht mehr** im Karabiner der Zwischensicherung und **nicht mehr** in der Kameradensicherung (HMS-, Achtersicherung usw.). Dies gilt auch für gebrauchte Seile. Alle Seile sind hinsichtlich der genannten Belastungen **überdimensioniert**. Die Sorge vor einem Seilriß stammt noch aus der Zeit, da man Hanfseile benutzte; Hanf ist ein Naturprodukt, das, wenn naß, nur äußerlich trocknet, im Innern aber fault, was die Festigkeit enorm reduziert. Dies kann bei den heutigen Seilen aus **Polyamid (Perlon, Nylon) nicht auftreten**.

Heutige Seile können nur noch reißen, wenn sie bei Sturzbelastung auf einer **Felskante** zum Liegen kommen. Die Seile werden dann **abgeschert**. Dies gilt auch für neue (nicht gebrauchte) Seile, die Felskante muß nur etwas schärfer oder der Sturz etwas größer sein.

Angaben zur **Gebrauchsdauer** sind deshalb mit Vorsicht zu betrachten; sie haben im Grunde genommen nur den Wert einer Hausnummer: Ohne Felskantenbelastung kann auch ein 15 Jahre altes Seil nicht reißen; dagegen kann das neueste Seil bei Belastung über eine Felskante beim allerersten Sturz zu Bruch gehen (passiert 1981 an der Laserzwand, das Seil war gerade erst zehn Stunden in Gebrauch und durch keinerlei Sturz zuvor belastet worden). Natürlich reißen gebrauchte Seile bei Felskantenbelastung schon bei einem etwas kleineren Sturz bzw. bei einer etwas weniger scharfen Kante als neue Seile – doch die Gefahr eines solchen Seilrisses ist **quantitativ äußerst gering**. In den letzten 15 Jahren hat sich unter deutschen und österreichischen Bergsteigern und Kletterern bei der Vielzahl der Stürze im Bereich des Sportkletterns ein einziger (!) Seilriß dieser Art ereignet.

Für Einfachseile gilt: Sogenannte **Multisturzseile** (= Seile mit 10 und mehr ausgehaltenen Normstürzen) sind etwas dicker (und damit auch etwas schwerer); sie können bei Belastung über eine Felskante etwas mehr Fallenergie aufnehmen (sie reißen erst bei einem etwas größeren Sturz oder bei einer etwas schärferen Kante) als **Normsturzseile** (= Seile mit 5 - 8 ausgehaltenen Normstürzen), die etwas dünner (und etwas leichter) sind. Das Mehr an Sicherheit schlägt sich im Gewicht nieder (siehe Tabelle).

---

* EN = EURO-Norm (Normen innerhalb der EU, die die nationalen Normen wie die DIN abgelöst haben)

** UIAA = Normen der Internationalen Vereinigung der Bergsteigerverbände

	ca. ∅ in mm	Anzahl ausgehaltener Normstürze	Gewicht Gramm/m
Normsturzseil	10	5 - 8	60 - 70
Multisturzseil	11,5	10 und mehr	75 - 80

Größte Sicherheit vor einem Seilriß bieten **Zwillingsseile** (2 x 8 mm oder 2 x 9 mm). Noch ist **kein** kompletter Seilriß beider Stränge bekannt geworden.

Bei Verdacht auf nicht mehr ausreichende Sicherheit eines Seiles kann dieses immer noch zum **Topropeklettern** verwendet werden, und zwar bis zum Mantelriß (der Kern kann **nicht** gleichzeitig reißen); dann muß das Seil sowieso aus Handlingsgründen ausgesondert werden).

Das Topropeklettern, insbesondere das Ablassen, **schadet den Seilen am meisten**, und ist äußerlich am auftretenden Mantelpelz zu erkennen. Seile, mit denen häufig toprope geklettert wurde, sollen deshalb **nicht mehr** zum Klettern im Vorstieg und insbesondere **nicht mehr** im alpinen Gelände (Felskanten!) verwendet werden. Hat man Zweifel an der Haltbarkeit eines schon öfters gebrauchten, älteren Seiles, kann man es zum **Topropeklettern** verwenden; bei dieser Art von Belastung kann **kein** Seil reißen (es kann nur der Mantel zu Bruch gehen; dann muß man es aus Handlingsgründen aussondern).

Auch der **UV-Strahleneinfluß** des Lichtes, insbesondere der in größerer Höhe, wurde bisher überbewertet. Alle Polyamide (Perlon, Nylon), aus denen die Seile, Reepschnüre, Bänder, Expreßschlingen und Anseilgurte gefertigt sind, sind **UV-stabilisiert**. Die Farben können zwar ausbleichen, eine bemerkenswerte Festigkeitsminderung (richtig: Minderung des Kantenarbeitsvermögens) tritt **nicht** auf.

Imprägnierte Seile
Seile nehmen auf Grund der Kapillarwirkung Wasser auf und werden bis zu 50% schwerer. Seile mit der Bezeichnung Everdry (= „immer trocken" oder Superdry (= „übertrocken") sind imprägniert und nehmen weniger Feuchtigkeit auf. Inwieweit die Imprägnierung bei Gebrauch nachläßt, ist noch nicht eindeutig bekannt.

Hinweis zum Unterschied zwischen Halb- und Zwillingsseilen
Zwillingsseile dürfen (wegen ihres geringen Durchmessers) nur für die Zweierseilschaft verwendet werden. Für die Dreierseilschaft (zwei Seilpartner sind an zwei Seilen getrennt gesichert) müssen Halbseile verwendet werden.

Seilbehandlung

Nasse Seile trocknen. Richtiges Trocknen geschieht durch loses Aufhängen an der Luft, nicht in praller Sonne und nicht zu nah am Ofen. Auch zu nahe Bekanntschaft mit Autoheizungen, Chemikalien und deren Dämpfen, insbesondere Batterieflüssigkeit (Schwefelsäure!) schadet dem Seil. Aufbewahrung über längere Zeiträume nur in trockenen, nicht zu warmen Räumen (z.B. Kleiderschrank).

Nach jeder Bergfahrt ist das Seil Meter für Meter durch Augenschein zu überprüfen. Ist der Mantel erheblich beschädigt, muß das Seil aus Sicherheitsgründen ausgesondert werden. Es kann zwar bei Sturzbelastung noch nicht zum Seilriß kommen, doch zum Mantelriß, was eine weitere Verwendung auf der Tour sehr erschwert, möglicherweise sogar unmöglich macht. Kommt es nicht zum Mantelriß, wird sich die beschädigte Stelle durch das Nachziehen durch Karabiner und um Felskanten in jedem Fall sehr schnell vergrößern, mit dem gleichen Ergebnis wie oben.

Aus den Seilresten können, sofern nicht beschädigt, noch Schlingen für größere Klemmkeile usw. gemacht werden.

Seilwahl

Die Wahl des Seiles hängt von verschiedenen Kriterien ab:

- Gelände (Fels, Steileis, Gletscher)
- Schwierigkeitsgrad
- Länge und Lage der Route (Klettergarten oder Hochgebirge) zwecks Beurteilung eines möglicherweise notwendig werdenden Rückzugs
- Größe der Seilschaft (Zweierseilschaft/Dreierseilschaft)

Bei allen längeren Routen und im Hochgebirge muß ein Rückzug einkalkuliert werden. Mit einem Einfachseil ist Rückzug durch Abseilen nur über die halbe Seillänge möglich. Im Fels ab Schwierigkeitsgrad V (einschließlich) muß deshalb Zwillingsseil (oder Doppelseil) verwendet werden. Auswahl wie folgt:

Zweierseilschaft im Fels

Schwierigkeitsgrad/ Verwendungsart	Seiltyp und $\varnothing$	Handhabung
Hochgebirge I bis IV und Klettergarten I bis X	Einfachseil ca. 11,5 mm Multisturzseil	als Einfachseil (Abseilen nur über die halbe Seillänge möglich)
Hochgebirge V bis X	Zwillingsseil ca. 8 mm	als Zwillingsseil (Abseilen über die volle Seillänge möglich)

Dreierseilschaft im Fels

Hochgebirge und Klettergarten I bis X	zwei Halbseile ca. 9 mm	Seilerster gesichert an beiden Halbseilen wie mit Zwillingsseil, jeder Nachsteiger gesichert an einem Halbseil

Zweierseilschaft im Eis

Sicherung auf Gletscheranstiegen	Einfachseil ca. 10 - 11,5 mm oder ein Halbseil ca. 9 mm	als Einfachseil auf dem Gletscher wie Einfachseil, beim Gipfelanstieg (Grat, Fels) wie Zwillingsseil
Sicherung in Firn- und Eisflanken	Einfachseil ca. 10 - 11,5 mm oder (besser) Zwillingsseil ca. 8 mm	als Einfachseil (Abseilen nur über die halbe Seillänge möglich) als Zwillingsseil (Abseilen über die volle Seillänge möglich)

Dreierseilschaft im Eis

Sicherung auf Gletscheranstiegen	Einfachseil ca. 10 - 11,5 mm	als Einfachseil
Sicherung in Firn- und Eisflanken	zwei Halbseile ca. 9 mm	Seilerster gesichert wie mit Zwillingsseil, jeder Nachsteiger an einem Halbseil

Viererseilschaft im Eis

Sicherung auf Gletscheranstiegen	Einfachseil ca. 10 - 11,5 mm	als Einfachseil

Seillängen für alle aufgeführten Verwendungsarten im Fels und Eis nicht unter 50 m.

Sonstige alpintechnische Ausrüstung für den Fels

Reepschnur- und Bandschlingen

Reepschnur ist genormt (EN und UIAA). Durchmesser von 4 bis 8 mm mit Festigkeitswerten gemäß folgender Tabelle sind im Handel. 9-mm-Reepschnur gibt es nach Norm nicht (sie könnte mit Halbseil verwechselt werden), Durchmesser unter 4 mm gelten wegen zu geringer Festigkeit nicht als Reepschnur.

Durchmesser	Mindestreißkraft nach EN und UIAA
4 mm	3,2 kN (ca. 320 kp)
5 mm	5,0 kN (ca. 500 kp)
6 mm	7,2 kN (ca. 720 kp)
7 mm	9,8 kN (ca. 980 kp)
8 mm	12,8 kN (ca.1280 kp)

Für dickere (stärkere) Schlingen muß Seilmaterial (Halbseil, Einfachseil) verwendet werden.

Die Mindestreißkraft kann gemäß folgender Formel leicht errechnet werden:

Mindestreißkraft (kp) = d^2 (mm) x 20

z.B. 5-mm-Reepschnur: 5^2 x 20 = 500 kp (ca. 5 kN)

Reepschnur ist im Prinzip aufgebaut wie Kernmantelseil. Deshalb gilt auch für Reepschnur: Aussondern, wenn der Mantel beschädigt ist. Die zweckmäßigste Länge liegt bei etwa 1,8 m, mit **Sackstich oder Achterknoten** zur Schlinge geknüpft (läßt sich über der Schulter tra-

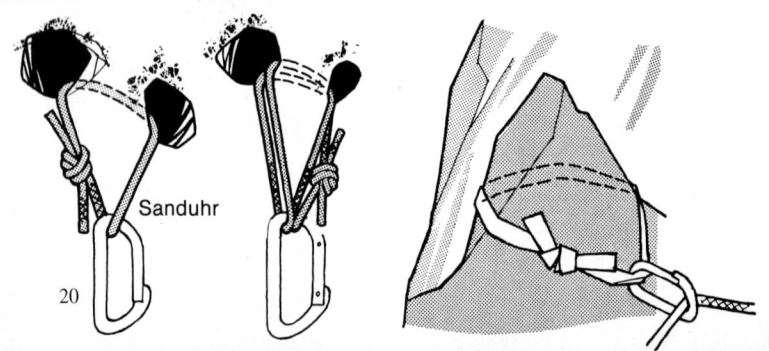

Sanduhr

gen). Auf ausreichend lange Reepschnurenden achten, etwa so lang in cm wie der ⌀ in mm und den Knoten an allen vier Strängen festziehen.

Band ist genormt (EN und UIAA). Diverse Breiten mit unterschiedlicher Dicke sind im Handel. Zwecks Festigkeitskennzeichnung besitzen Bänder zur Bandfarbe kontrastierende Kennfäden auf einer Bandseite. Jeder Kennfaden steht für 5 kN (ca. 500 kp) Reißkraft gemäß folgender Tabelle:

Anzahl der Kennfäden	Mindestreißkraft nach EN und UIAA
zwei Kennfäden	10 kN (ca. 1000 kp)
drei Kennfäden	15 kN (ca. 1500 kp)
vier Kennfäden	20 kN (ca. 2000 kp)

Band besitzt eine höhere **Kantenfestigkeit** (Festigkeit bei Belastung über Felskanten) als Reepschnur.

Band nur mit dem Bandschlingenknoten zur Schlinge knüpfen (andere Knoten ziehen sich bei Belastung auf). Immer auf ausreichend lange Bandenden achten, mindestens dreimal Bandbreite.

Expreßschlingen sind aus Band zusammengenähte Schlingen. Sie sind genormt (EN und UIAA). Mindestreißkraft 22kN (ca. 2200 kp). Die Naht (in Kontrastfarbe) muß von Zeit zu Zeit auf mögliche **Aufscheuerung** überprüft werden. Kürzere dienen vorwiegend als **Verlängerungsschlingen** an Zwischensicherungen.

Links Bänder mit Streifenkennzeichnung, rechts Expreßschlingen

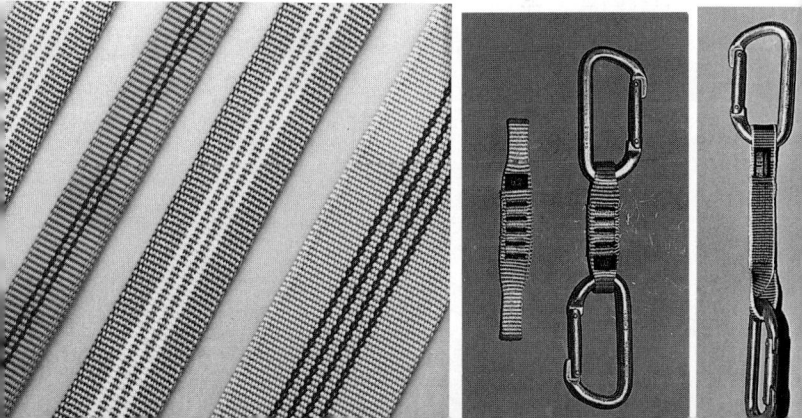

Anseilgurte

Anseilgurte sind genormt (EN und UIAA). Sie übertragen die Fang-stoßkraft beim Sturz und die Belastung beim anschließenden Hängen auf die stabilsten Körperpartien **Oberschenkel, Becken und Brust**. Dabei soll die Fangstoßkraft **zum größten Teil von den Oberschenkeln und dem Becken** aufgenommen werden, während der Brustgurt nur das Abkippen des Oberkörpers nach hinten verhindern soll. Der Brustgurt besitzt nur eine den Oberkörper stabilisierende Funktion.

Drei unterschiedliche Anseilgurte werden angeboten:

- zweiteilige Anseilgurte, Brustgurt und Hüftgurt sind getrennt und werden gemeinsam oder der Hüftgurt auch allein benutzt;
- einteilige Anseilgurte, sogenannte Anseilkomplettgurte.

Alle Anseilgurte sind entweder in verstellbarer Ausführung oder in unterschiedlichen Größen erhältlich. Beim Kauf entsprechende Bekleidung berücksichtigen. Auswahl wie folgt:

- für reines Felsklettern **Brustgurt in Achterform und Hüftgurt**, hinsichtlich Gewicht, Trage-, Sturz- und Hängekomfort die angenehmsten Anseilgurte;
- für Ski- und Gletschertouren **Anseilkomplettgurte mit Beinschlingen zum Öffnen** (Schnallen), dadurch leichteres An- und Ablegen mit Ski oder Steigeisen an den Füßen, bei dickerer Bekleidung lassen sich die Beinschlaufen anpassen.

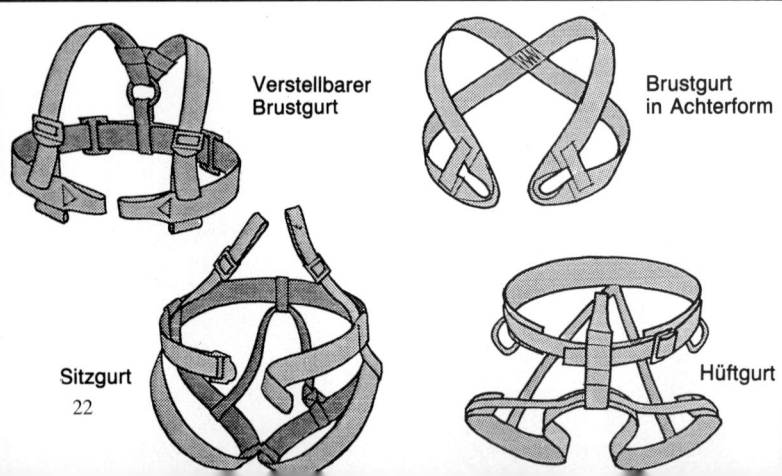

Verstellbarer Brustgurt

Brustgurt in Achterform

Sitzgurt

Hüftgurt

22

Richtige Auswahl und richtiges Anpassen erfolgen am besten durch einen **Hängetest** im Sporthaus (ein Seilstück und ein stabiler Haken an der Decke können erwartet werden). Allen normgerechten Anseilgurten liegt eine **Gebrauchsanleitung** bei, aus der hervorgeht, wie anzuseilen ist.

Alle Anseilgurte sind **überdimensioniert**, d.h., daß sie auch bei größtmöglicher Sturzbelastung nicht reißen können, von Brüchen durch zuvor erfolgte Gebrauchsbeschädigung ausgenommen. Deshalb Anseilgurte von Zeit zu Zeit auf **Band- und/oder Nahtaufscheuerung** (immer sichtbar) überprüfen und gegebenenfalls aussondern. Alle tragenden Nähte müssen lt. Normen in **Kontrastfarbe** ausgeführt sein, die eine Aufscheuerung sichtbar macht.

Die alleinige Verwendung eines Hüftgurtes beinhaltet bei **unkontrollierbaren** Stürzen die Gefahr von Schleuderverletzungen (Abkippen des Oberkörpers nach hinten) sowie von Verletzungen im Lendenwirbelbereich. Die alleinige Verwendung des Hüftgurtes empfiehlt sich nur im **reinen Sportklettergelände**, also im sturzfreundlichen Gelände (senkrecht und überhängend) sowie bei kleineren Sturzhöhen und sicheren Haken (genormte Bohrhaken).

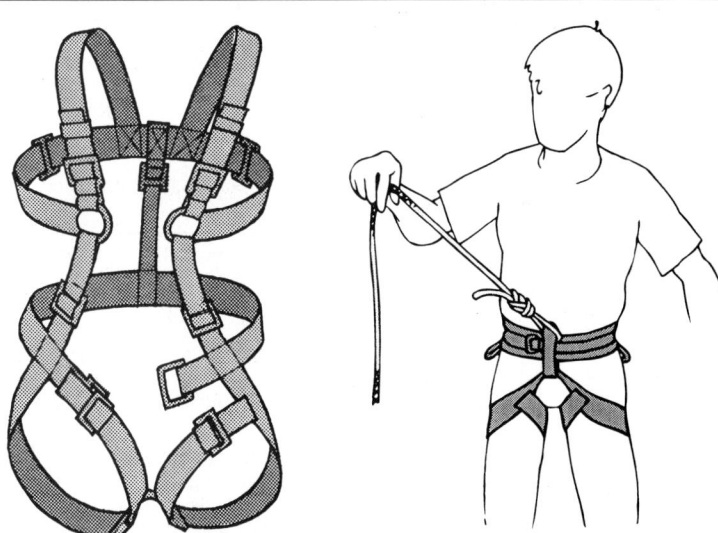

Anseilkomplettgurt   Hüftgurt

Karabiner

Karabiner sind genormt (EN und UIAA). Mit geschlossenem Schnapper weisen sie in Richtung der Längsachse eine Mindestbruchkraft von 20 kN (ca. 2000 kp) auf, die allen Belastungen der Praxis gerecht wird. Bei ungünstiger Plazierung kann sich der Schnapper am Fels/Eis aufdrücken; dann sinkt die Bruchkraft je nach Modell auf 7 bis 10 kN (ca. 700 - 1000 kp) ab, und es kann schon bei relativ geringer Sturzhöhe (ab 2 m) zum Karabinerbruch kommen. Deshalb Karabiner immer so plazieren, gegebenenfalls Verlängerungsschlingen benutzen, **daß sich der Schnapper bei Belastung durch Zug oder Sturz auf Eis/Fels nicht aufdrücken kann**.

Karabiner mit fixierter Expreßschlinge verhindern eine Querbelastung (geringe Festigkeit). Das Fixieren an gewöhnlichen Normalkarabinern kann auch mittels eines kleinen Gummirings vorgenommen werden; auch eigens dafür geeignete Elastikteile werden angeboten.

Karabiner mit gekröpftem Schnapper besitzen mehr Nach- als Vorteile. Die Schnapperöffnung ist zwar größer, doch kann der Schnapper bei Sturzbelastung durch das Seil leicht aufgedrückt werden und das Seil sich von selbst aushängen.

Karabiner mit Verschlußsicherung (Schraubhülse, Twistlock) verhindern nur ungewolltes Öffnen des Schnappers. Der Schraubverschluß erhöht die Bruchkraft **nicht**.

HMS-Karabiner sind birnenförmige Schraubkarabiner für die Benutzung der Halbmastwurfsicherung (HMS). Für die Kameradensicherung wird pro Seilpartner ein HMS-Karabiner benötigt. Mit anderen Karabinern (auch mit dem Klettersteigkarabiner) neigt die HMS zum Seilblockieren.

Die Sicherungsplatte **Magic Plate** dient zum Nachsichern von zwei Nachsteigern an getrennten Seilen (Halbseil, 9 mm).

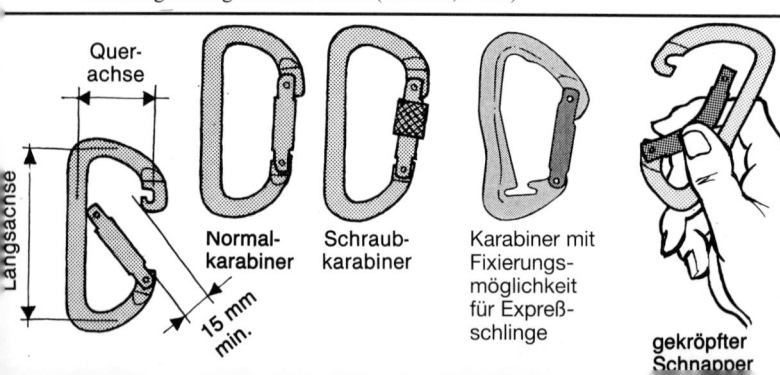

Längsachse

Quer- achse

15 mm min.

Normal- karabiner

Schraub- karabiner

Karabiner mit Fixierungs- möglichkeit für Expreß- schlinge

gekröpfter Schnapper

An Normalkarabinern werden benötigt:

Im Eis

für Gletscheranstiege	etwa 5 bis 6 Karabiner/Seilschaft
für Firn- und Eisflanken	etwa 8 bis 10 Karabiner/Seilschaft
für Steileis	etwa 10 bis 15 Karabiner/Seilschaft

Im Fels

Schwierigkeitsgrad I - II	etwa 3 bis 5 Karabiner/Seilschaft
Schwierigkeitsgrad III - IV	etwa 8 bis 10 Karabiner/Seilschaft
Schwierigkeitsgrad V und schwieriger	etwa 15 bis 25 Karabiner/Seilschaft

Klettersteigkarabiner mit Verschlußsicherung und großer Schnapperöffnung werden zur Sicherung auf Klettersteigen benutzt, wo stabile Sicherungen (Stahlstifte, Stahlösen, Leitern usw.) das Einhängen normaler Karabiner nicht ermöglichen.

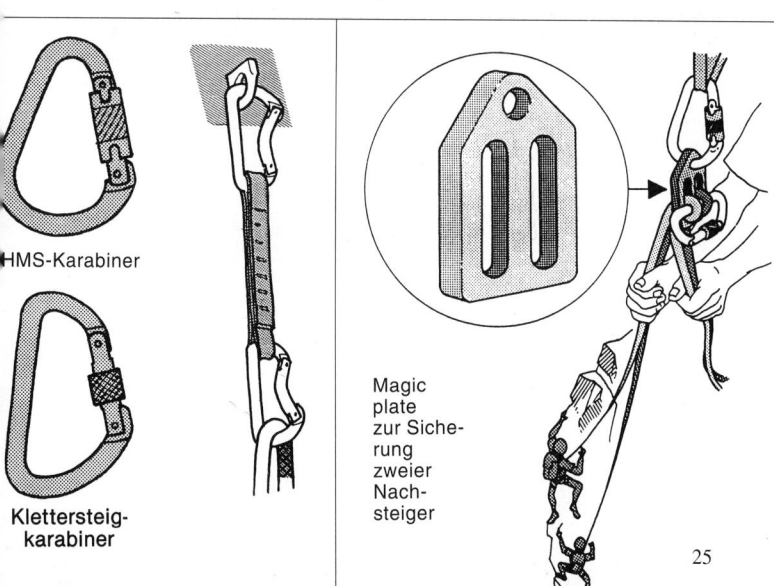

HMS-Karabiner

Klettersteig-karabiner

Magic plate zur Sicherung zweier Nachsteiger

25

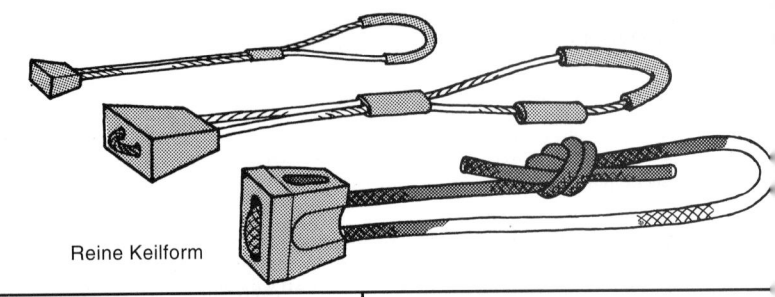

Reine Keilform

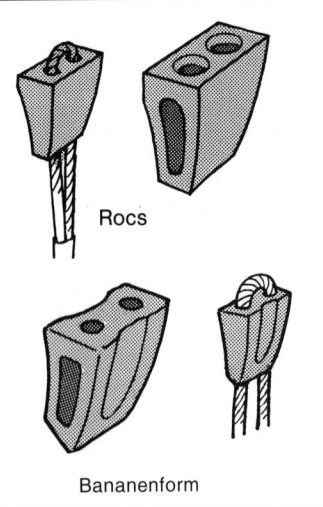

Rocs

Bananenform

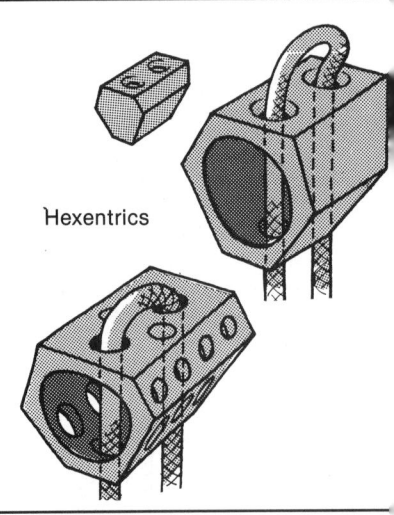

Hexentrics

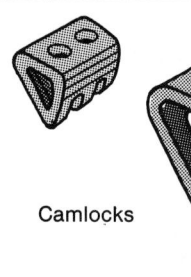

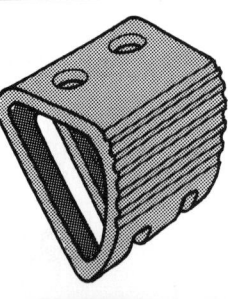

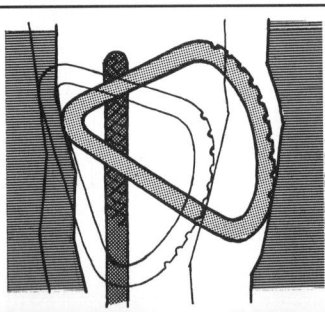

Camlocks

Klemmkeile

Sie dienen als **Sicherungspunkte im Fels**. Sie lassen sich meist leicht und schnell anbringen, doch oft nur schwierig wieder entfernen. Leichter geht dies mit einem Chock Craker.

Klemmkeile werden an sich verengenden Rißstellen geklemmt und widerstehen so einer Belastung **in Richtung der Rißverengung**. Zur sicheren Plazierung, die auch einer Sturzbelastung gewachsen ist, bedarf es Sorgfalt und Erfahrung.

Alle Klemmkeile sind meist in wenigstens zwei unterschiedlichen Breiten (längs und quer) verwendbar und alle Typen in verschiedenen Größen (numeriert) erhältlich. Die Numerierung ist von Fabrikat zu Fabrikat unterschiedlich und deshalb **nicht vergleichbar**. Alle kleineren Klemmkeilgrößen sind mit Drahtkabelschlinge zum leichteren Einführen in enge Risse versehen. Größere Klemmkeile weisen Bohrungen für Reepschnur, Band- oder Seilschlingen auf.

Die **kleinsten Klemmkeile** für enge Risse in Millimeterbreite besitzen nur geringe Bruchkraft, sie sind größerer Sturzbelastung **nicht** gewachsen, eher zur Fortbewegung gedacht.

Die **Bananenform** klemmt aufgrund ihrer Dreipunktauflage meist besser als die reine Keilform.

Auch Klemmkeile mit **konkaven Aussparungen** klemmen aufgrund ihrer Mehrpunktauflage meist **besser** als die reine Keilform.

Hexentrics besitzen eine unregelmäßige Sechseckform für unterschiedliche Klemmbreiten, quer und längs verwendbar.

Camlocks besitzen eine segmentähnliche Form, deren eine Anlagefläche zwecks besserer Haftung geriffelt ist. Vorteilhaft in sehr unregelmäßigen Rissen (Kalk) und in Felslöchern.

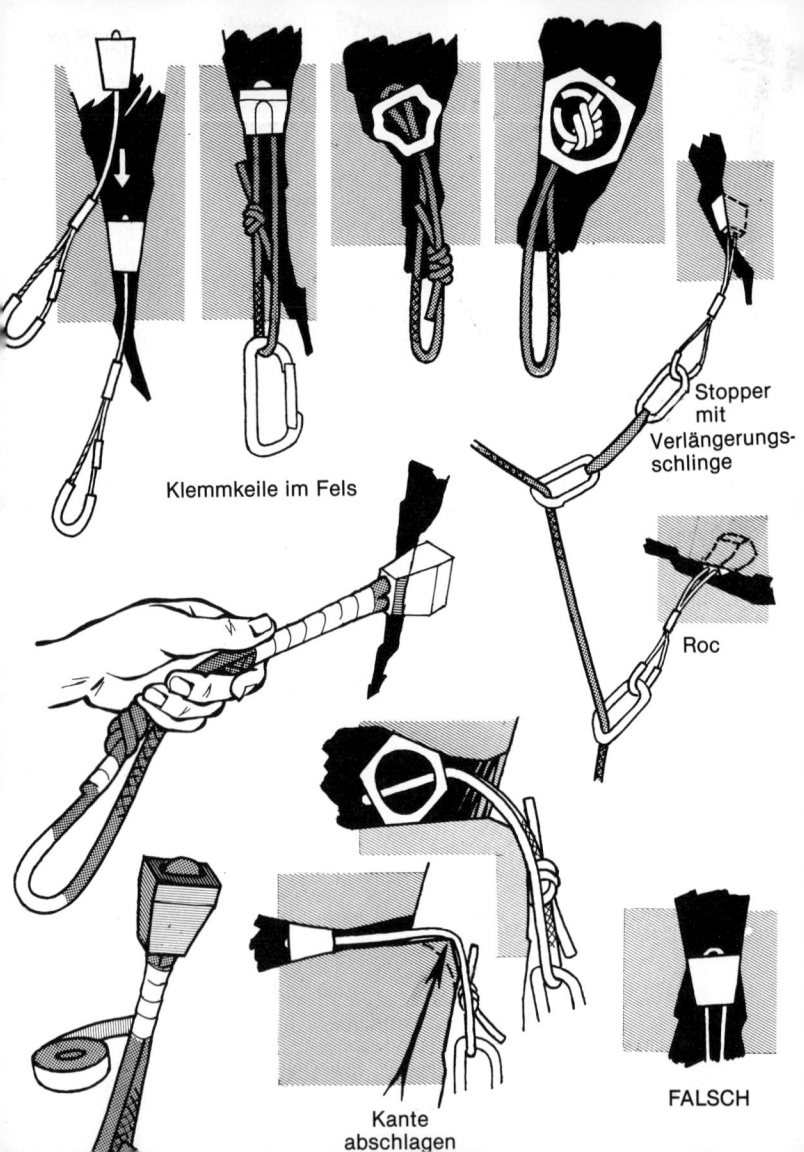

Klemmkeile im Fels

Stopper mit Verlängerungsschlinge

Roc

Kante abschlagen

FALSCH

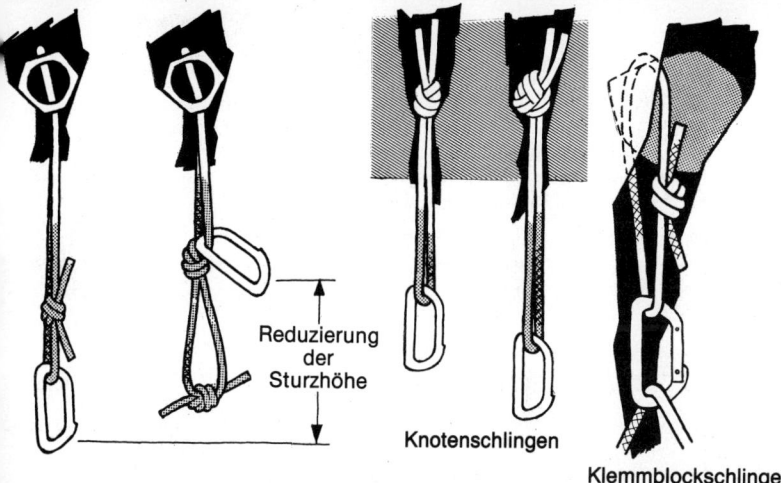

Reduzierung der Sturzhöhe

Knotenschlingen

Klemmblockschlinge

Klemmkeile sollen möglichst viel Anlagefläche am Fels erfahren; nur so ist ein sicherer Sitz gewährleistet. Ist der Klemmkeil dagegen so plaziert, daß er nur am oberen Rand (breitester Teil) klemmt, wird er bei Belastung durch die Rißverengung hindurchgerissen.

Bei Klemmkeilen mit Bohrungen für Reepschnur-, Band- oder Seilschlingen muß aus **Festigkeitsgründen** die **größtmögliche Schlingenstärke** gewählt werden, die sich gerade noch durchfädeln läßt. Die Schlinge läßt sich, falls unnötig lang, durch einen Sackstich kürzen. So wird die mögliche Sturzhöhe reduziert.

Es gibt in der Regel viel mehr Möglichkeiten, einen Klemmkeil sicher anzubringen, als gemeinhin angenommen wird. Richtig plazierte Klemmkeile können Haltekraftwerte erreichen, die jenen gut gesetzter Haken gleichen.

Klemmkeile sind genormt (EN und UIAA); die Bruchkraft ist auf dem Klemmkeil angegeben, und zwar in „kN", z.B. „7 kN" (= ca. 700 kp). Die höchsten Bruchkraftwerte erreichen mittlere Größen. Da die Normen erst vor kurzem erschienen sind, greifen sie noch nicht überall (es dürften noch Klemmkeile ohne Bruchkraftangabe im Handel und in Gebrauch sein).

Knotenschlingen (am besten Sackstich) dienen heute nur noch als Klemmkeilersatz. Aufgrund der Knotennachgiebigkeit lassen sie sich nur an auffallend starken Rißverengungen anbringen. Möglichst großer Knoten, (gegebenenfalls zwei Knoten übereinander), damit er bei Belastung nicht durch die Engstelle schlüpfen kann.

Statt Klemmkeilen können auch **Klemmblöcke** benutzt werden (mit einigen Hammerschlägen auf sicheren Sitz prüfen). Reepschnur- bzw. Bandschlinge nicht zu schwach wählen (Felskanten) und zwischen Klemmblock und Rißwand zur Anlage bringen.

Verschiedene Klemmkeile im Fels plaziert.

Klemmgeräte

Sie dienen als **Sicherungspunkte im Fels**. Es sind sozusagen stufenlos verstellbare Klemmkeile, die sich durch **Federmechanismus der Rißbreite** anpassen. Sie klemmen auch an Rißstellen mit parallelen Flanken, der Riß muß sich nicht wie bei Klemmkeilen in Belastungsrichtung verengen. Ausreichende Haftreibung zwischen Klemmgerät und Fels sind Voraussetzung. (Zur richtigen Plazierung siehe folgende Seite). Zwei verschiedene Arten sind in Gebrauch:

- **Typ Friend** mit vier beweglichen Segmenten und fester Belastungsstange, das am häufigsten benutzte Klemmgerät.

- **Typ Slider** mit zwei gegeneinander verschiebbaren Klemmbacken; für enge finger- bis hakenbreite Risse.

Friends, drei von mehr als ein Dutzend Größen.

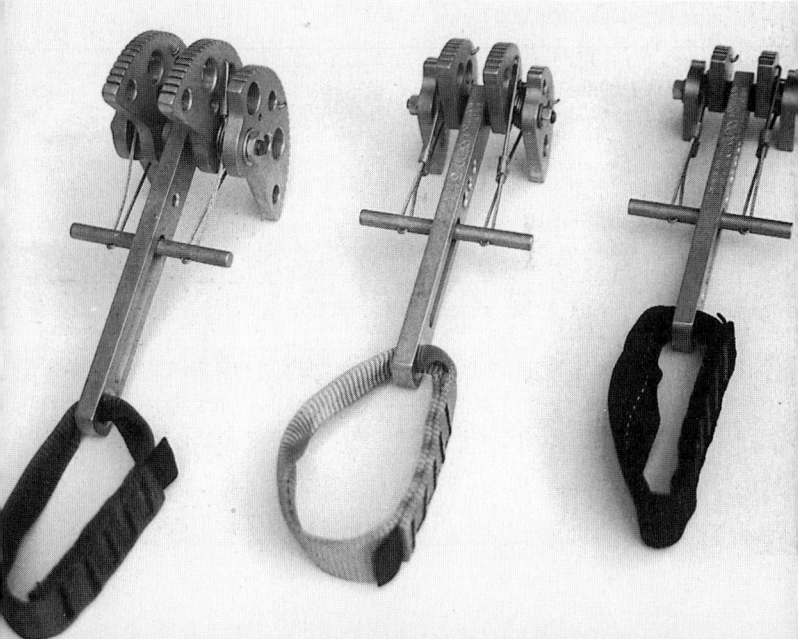

Zur sicheren Plazierung, die auch einer Sturzbelastung gewachsen ist, bedarf es der Sorgfalt und Erfahrung:

- **Der Fels muß trocken und frei von Sand, Erde und Flechten sein.**

- **Alle beweglichen Segmente müssen am Fels anliegen,** andernfalls einseitige Belastung und das Klemmgerät wird herausgerissen.

- **Die Kontaktflächen der Segmente mit dem Fels sollen möglichst groß sein,** die Segmente sollen nicht nur an einer winzigen Felsrauhigkeit anliegen.

- **Nur etwa 90% der Klemmbreite ausnutzen,** da die letzten 10% als Reserve für Fels- und Materialverformung bei Belastung dienen müssen.

Klemmgeräte sind genormt (EN und UIAA); die Bruchkraft ist (wie bei Klemmkeilen auf dem Gerät angegeben, und zwar in „kN", z.B. „10 kN" (= ca. 1000 kp). Da die Normen erst vor kurzem erschienen sind, greifen sie noch nicht überall (es dürften noch Geräte ohne Bruchkraftangabe im Handel und in Gebrauch sein).

Links: Friend; Mitte und rechts: Sliders.

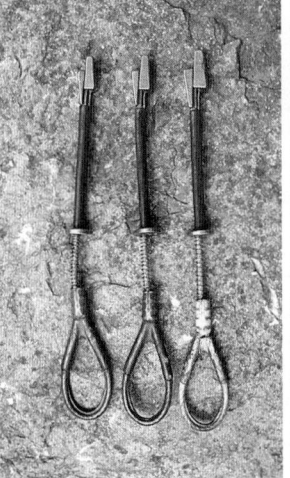

Falsch plazierte Friends

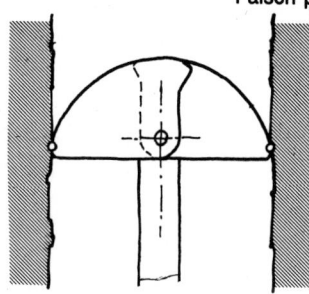

Segmente zu weit geöffnet,
Friend wird herausgerissen

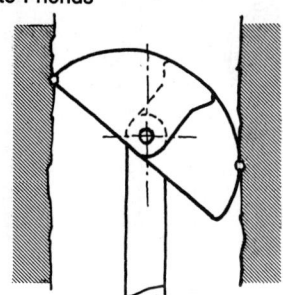

Keine ausreichende
Klemmwirkung,
Friend wird unter Deformation
herausgerissen

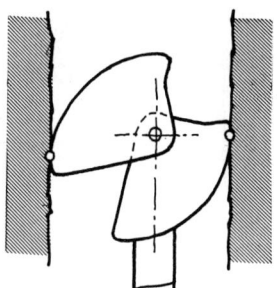

Ungleichmäßige Belastung,
Friend kann herausgerissen
werden

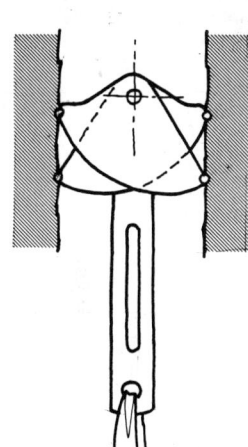

Friend läßt sich nicht
mehr lösen

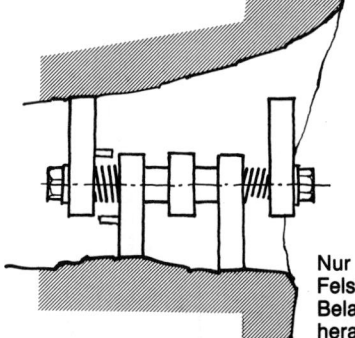

Nur drei Segmente haben
Felskontakt; einseitige
Belastung, Friend wird
herausgerissen

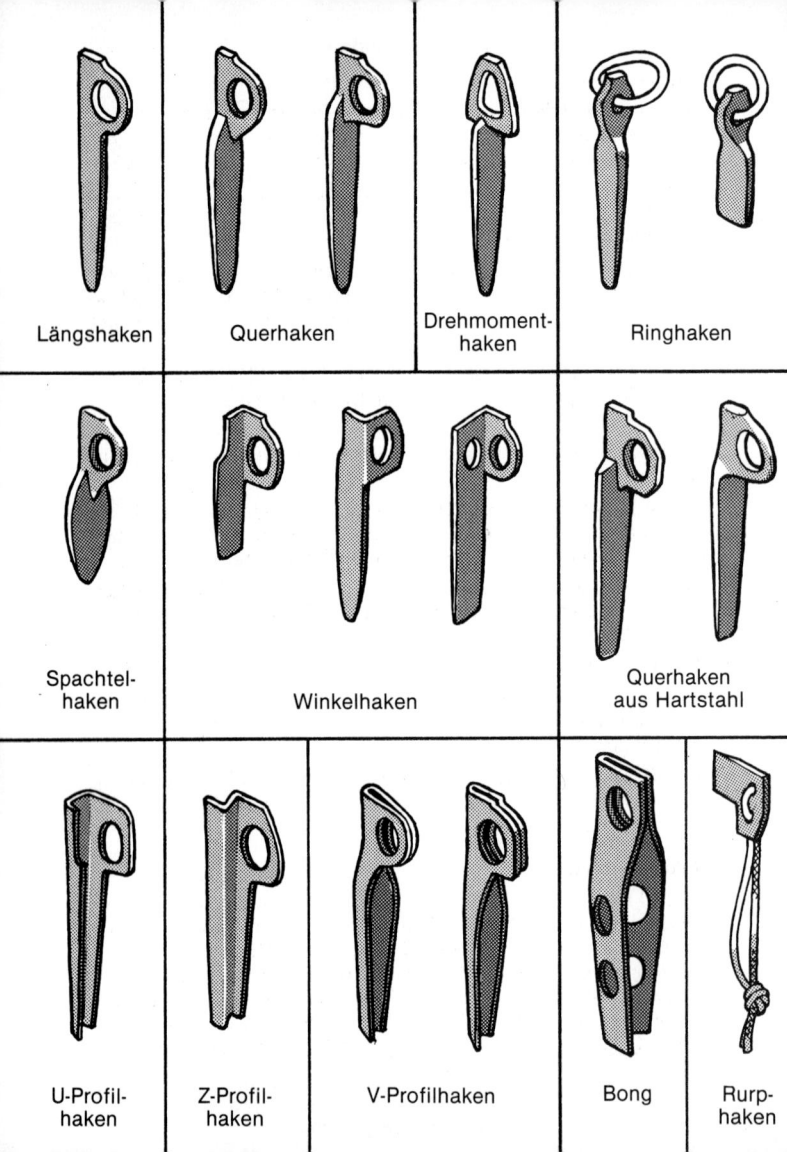

Längshaken

Querhaken

Drehmoment-
haken

Ringhaken

Spachtel-
haken

Winkelhaken

Querhaken
aus Hartstahl

U-Profil-
haken

Z-Profil-
haken

V-Profilhaken

Bong

Rur-
haken

Normalhaken

Sie dienen als **Sicherungspunkte im Fels**, bei Hakenkletterei auch zur **Fortbewegung**. Der konische Schaft wird in Felsrisse getrieben. Form und Material müssen der Gesteinsart und der Rißform angepaßt sein.

Längshaken und **Querhaken** sind Grundformen. Querhaken sind **vielseitiger** verwendbar als Längshaken und lassen sich auch leichter wieder herausschlagen.

Drehmomenthaken mit um 45° zum Schaft verdrehter Hakenöse garantieren durch den erzwungenen Verdreheffekt bei Belastung besseren Halt im Riß. Sie lassen sich jedoch nur schlecht wieder aus dem Fels entfernen.

Ringhaken dienen vorwiegend als Abseilhaken. Die Schweißstelle (meist nicht geprüft!) ist ein Sicherheitsrisiko; Ringhaken lassen sich nur schlecht wieder entfernen.

Spachtelhaken sind kurze Querhaken für weniger tiefe Risse, geringe Haltekraft.

Winkelhaken sind eine vereinfachte Form des Querhakens. Da sie sich beim Einschlagen leicht verbiegen, nur in kürzerer Ausführung (ähnlich Spachtelhaken) für weniger tiefe Risse geeignet.

Profilhaken werden in breiteren Rissen verwendet. **U-Profilhaken** sind für fingerbreite Risse, **V-Profilhaken** für etwas breitere. **Bongs** werden in faustbreiten Rissen benutzt.

Z-Profilhaken sind Profilhaken für weicheres Gestein (Sandstein).

Rurp-Miniaturhaken werden im Granit in seichten Rißspuren verwendet (im Kalk nicht geeignet, zu große Sprengwirkung). Belastbarkeit sehr gering, nur zur Fortbewegung.

Alle Haken sind in **verschiedenen Längen** erhältlich, für unterschiedlich tiefe Risse. Haken mit **schlanker Schaftspitze** lassen sich besser eintreiben als solche mit breiter.

Hakenmaterial

Es wird unterschieden zwischen **Weichstahl- und Hartstahlhaken**. Weichstahl ist ein **zähharter** Schmiedestahl, Hartstahl ein **gehärteter** Stahl mit höherer Festigkeit. **Die Haltekraft von Hartstahlhaken im Fels ist größer als die von Weichstahlhaken**. Weichstahlhaken werden bei Belastung eher gebogen und wie ein krummer Nagel aus dem Fels gerissen als Hartstahlhaken. Hartstahlhaken verklemmen sich aufgrund ihrer höheren Festigkeit fester im Riß als Weichstahlhaken.

Hakenauswahl

Die Auswahl mitzuführender Haken richtet sich nach verschiedenen Kriterien.

- Gestein
- Schwierigkeitsgrad
- Verwendung anderer Sicherungsmittel (Klemmkeile, Klemmgeräte)

- Routenlänge
- Begehungshäufigkeit

Folgende Angaben können nur als grobe Richtwerte gelten:

Kalk und andere weiche Gesteine wie Porphyr, Sandstein usw.	$2/3$ Weichstahlhaken $1/3$ Hartstahlhaken
Granit und andere harte Gesteine wie Quarzit, Basalt usw.	$1/3$ Weichstahlhaken $2/3$ Hartstahlhaken

Vorteilhaft sind **stabile Querhaken** und alle **Hartstahlquerhaken** sowie **Profilhaken in allen Stärken**. Auf Ringhaken kann gewöhnlich verzichtet werden (einseitiger Verwendungszweck), auf Längshaken generell. Schaftlänge überwiegend 8 bis 11cm, nur wenige kürzere sind zu empfehlen (sie lassen sich auch leicht wieder herausschlagen).

Neben den heute als Sicherungsmittel bevorzugten Klemmkeilen und Klemmgeräten treten die Felshaken in den Hintergrund. **Für Standplätze, Rückzugsmanöver und für solche Stellen, die sich nur mit sehr kleinen und deshalb wenig Festigkeit aufweisenden Klemmkeilen absichern lassen, sind Felshaken vorzuziehen.**

Mit **zunehmendem Schwierigkeitsgrad** und **zunehmender Länge der** geplanten Route empfiehlt sich die Mitnahme von **mehr Haken**. Mit **zunehmender Begehungshäufigkeit** kann die Hakenanzahl reduziert werden. Wie oben können auch folgende Angaben nur als grobe Richtwerte gelten:

Modetouren	etwa 4 - 5 Haken pro Seilschaft für Notfälle und Klemmkeile
wenig begangene Routen	6 bis 10 Haken pro Seilschaft und Klemmkeile
selten begangene Routen	hier gelten eigene Regeln, die sich nicht ohne weiteres pauschalieren lassen

Die niedrigen Zahlen gelten für kürzere Routen, die höheren für längere.

Das Absichern ganzer Routen ohne Haken – nur mit mobilen Sicherungsmitteln (Klemmkeilen, Klemmgeräten, Schlingen), als „clean climbing" bezeichnet - ist heute schon üblich, doch mit beachtlichen Gefahren verbunden (in den letzten Jahren mehrere tödliche Seilschaftsstürze).

Felshammer

Er wird zum Eintreiben der Felshaken benutzt. Auf folgendes bei Anschaffung achten:

- Gewicht nicht unter 650 Gramm; im Handel gibt es auch leichtere Ausführungen (500 Gramm). Der schwere Hammer hat mehr Zug und wird deshalb bevorzugt.
- **Schaftlänge nicht unter 27 cm**; mit Felshämmern kürzerer Schaftlänge werden die Finger am scharfkantigen Fels schnell in Mitleidenschaft gezogen.
- **Metallschaft mit rutschfestem Gummigriff** und Bohrung oder Öse am Schaftende (zur Sicherung).

Sicherung des Hammers gegen Verlust durch eine dünne, etwa 1 m lange Reepschnur, die am Anseilgurt befestigt wird.

Hammerköcher

Der Hammer wird am besten im **Hammerköcher** transportiert. Umständliches Entnehmen und Verstauen kostet Kraft und Nerven, vor allem in diffizilen Gleichgewichtssituationen; deshalb beides zuvor erproben und optimieren.

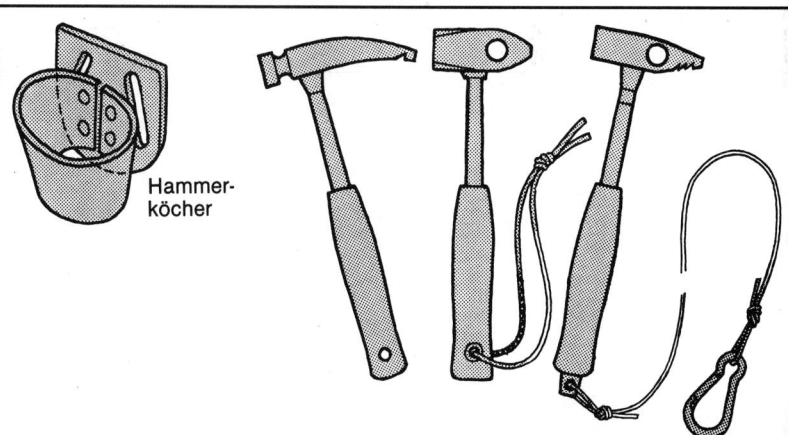

Hammer-
köcher

Hakenschlagen

Der Haken soll sich von Hand schon zum Teil in den Riß stecken lassen (nur so ist einhändiges Einschlagen möglich). Die Stecktiefe richtet sich nach dem Gestein (härter oder weicher) und dem Hakenmaterial (Hartstahl oder Weichstahl) wie folgt:

Gestein/Hakenmaterial	Stecktiefe
Kalk und Weichstahlhaken	etwa $1/3$-Schaftlänge
Urgestein und Hartstahlhaken	etwa $2/3$-Schaftlänge

Das restliche Einschlagen bewirkt meist ausreichenden Halt. **Alle Haken werden bis zur Öse in den Fels getrieben**. Dies geschieht mit **kräftigen** Hammerschlägen (der Felshammer ist kein Uhrmacherwerkzeug und der Haken nicht aus Pappe). Wer einen Haken mit dem Hammer nur streichelt, kann von ihm keine besondere Haltekraft erwarten. Je mehr Widerstand ein Haken beim Einschlagen erfährt, desto größer ist seine Haltekraft bei Belastung.

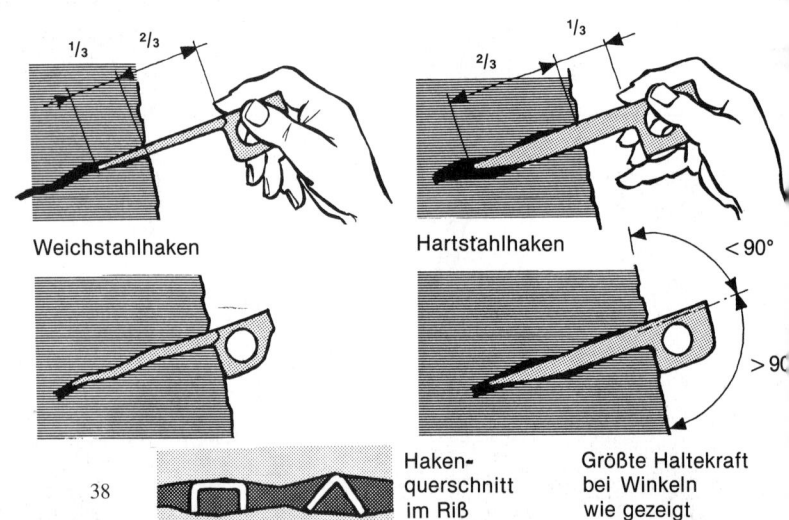

Weichstahlhaken   Hartstahlhaken   < 90°

> 90

Haken-
querschnitt
im Riß

Größte Haltekraft
bei Winkeln
wie gezeigt

Die **Rißtiefe** und die **innere Rißbreite** können nur mit den ersten Hammerschlägen „erfühlt" werden, etwa wie folgt:

- Landen die ersten Hammerschläge gut, „zieht" der Haken mit jedem Schlag zügig tiefer, so ist der Haken hinsichtlich Länge und Schaftstärke richtig gewählt.

- Sitzt der Haken schon nach wenigen Schlägen mit der Öse am Fels auf, ist er zu kurz und im Querschnitt zu schwach. Ein längerer und/oder etwas stärkerer muß gewählt werden.

- Läßt sich der Haken auch mit kräftigen Schlägen nicht mehr weiter eintreiben, obwohl die Öse noch nicht am Fels aufsitzt, ist er zu lang oder im Querschnitt zu dick. Ein kürzerer und/oder schwächerer paßt dann eher.

- Es ist immer besser, einen kürzeren Haken bis zur Öse einzutreiben als einen längeren, dessen Schaft aus dem Riß herausschaut (Hebelwirkung).

Nach dem Einschlagen prüfen, ob sich der Riß durch das Hakeneintreiben geweitet und so eine zuvor nicht erkennbare Felsschuppe gelockert hat. Vorsichtige Hammerschläge auf den umgebenden Felsbereich verraten bei hohlem Klang eine solche Schuppe.

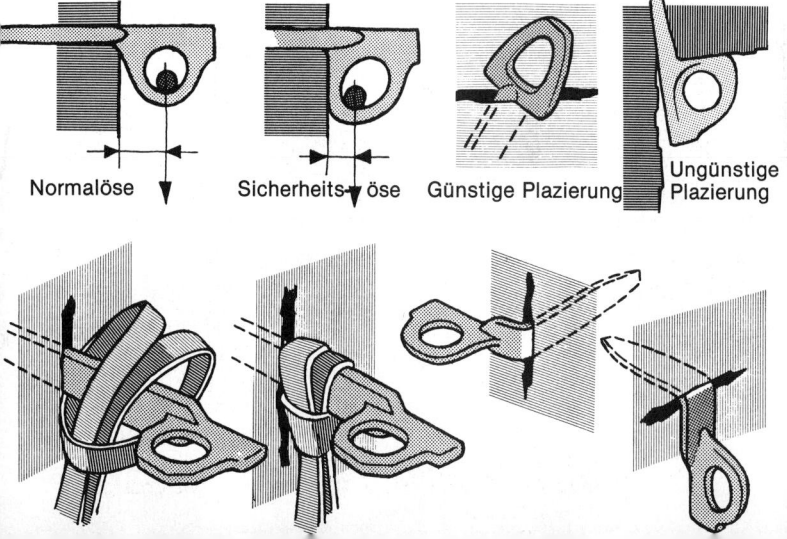

Normalöse   Sicherheits-öse   Günstige Plazierung   Ungünstige Plazierung

Was halten Normalhaken im Fels?

Exakte Angaben für Haltekraftwerte von Haken im Fels können wegen der Vielseitigkeit der Felsbeschaffenheit nicht gemacht werden. Umfangreiche Untersuchungen (DAV-Sicherheitskreis) haben gezeigt, daß weit über 80% aller Normalhaken im Fels **falsch eingeschätzt werden**, sei es, daß man ihre Haltekraft überschätzt (was häufiger vorkommt), sei es, daß man sie (gelegentlich) unterschätzt. Am Standplatz und zum Abseilen sind deshalb immer mindestens zwei Sicherungspunkte empfehlenswert (ausgenommen sichere Bohrhaken, siehe Seite 41, 42).

Im Granit sind (weil ein festes Gestein) im allgemeinen höhere Haltekraftwerte zu erreichen als im Kalk.

Je länger der Schaft, desto größer die Haltekraft im Fels. **Als Standhaken wähle man deshalb Haken nicht unter 10 cm Schaftlänge.** Läßt sich ein sicherer Standhaken (oder Klemmkeil, Sanduhr usw.) nicht anbringen, so sind weitere Haken zu setzen mit Schaftlänge nicht unter 8 cm.

Die Haltekraft vorgefundener Haken wird meist überschätzt. Rost und Frost reduzieren die Haltekraft immer. Einige vorsichtige Hammerschläge zeigen, wie es um den vorgefundenen Haken steht. Dumpfer oder scheppernder Klang läßt auf unsicheren Halt schließen, hoher, singender Ton dagegen auf sicheren Sitz. Liegt die Öse nicht am Fels auf, so hilft oft ein Nachschlagen. Erscheint der vorgefundene Haken trotzdem nicht sicher genug, muß er durch einen im Schaft etwas längeren und/oder stärkeren ersetzt werden.

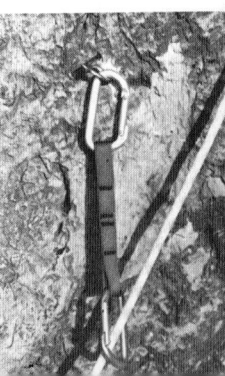

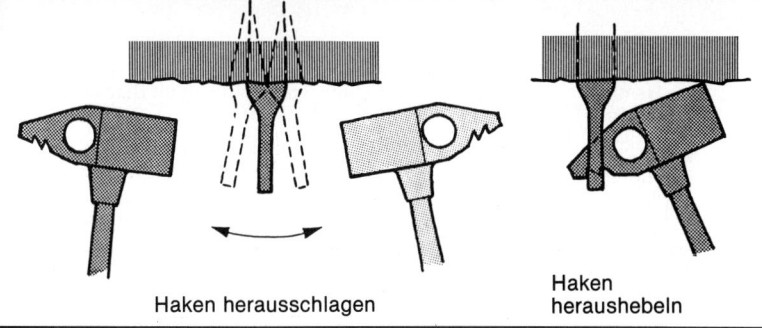

Haken herausschlagen   Haken
                              heraushebeln

Hakenentfernen

Das **Herausschlagen von Haken** erfolgt durch seitliche Schläge gegen die Öse abwechselnd in beide Rißrichtungen. Weichstahlhaken lockern sich mit jedem Schlag etwas mehr, Hartstahlhaken können von einem Schlag zum anderen aus dem Riß fallen.

Bohrhaken

Sie können an jeder beliebigen Stelle angebracht werden, sofern der Fels fest ist. Das Bohrloch kann auf zweierlei Weise angebracht werden:

- Von Hand mit Hammer und einem **Kronenbohrmeißel** unter ständigem Drehen (mühsam, zeitaufwendig)
- Mit Akku-Bohrmaschine und passendem Bohrer (Bohrzeit ca. 15 Sekunden), Bohrkapazität durch den Akku beschränkt.

Bohrloch immer **senkrecht zur Felsoberfläche** anbringen. Durchmesser vom Fabrikat und von der Art der Befestigung abhängig (Gebrauchsanleitung beachten).

Zwei hinsichtlich Befestigungsart unterschiedliche Bohrhakentypen sind auf dem Markt:

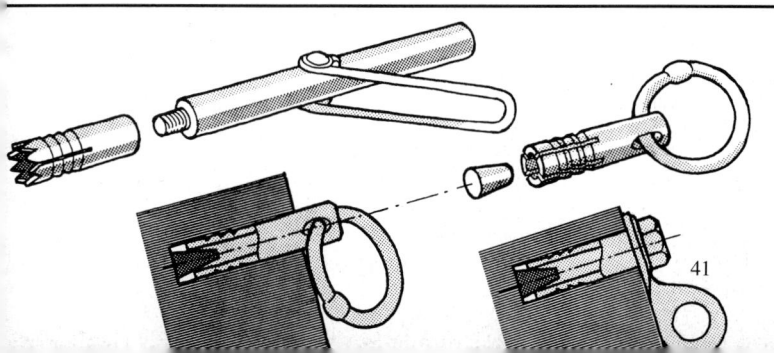

41

- Bohrhaken mit (konischem) **Längsstift**; dieser wird mit dem Hammer eingetrieben und bewirkt die Spreizwirkung im Bereich des Bohrlochgrundes.
- Bohrhaken, die **eingeklebt** oder auch **einbetoniert** werden; die Hersteller bieten entsprechende Klebemittel (richtig: Verbundmittel) an, zum Einbetonieren Schnellabbinder verwenden.

Gebrauchsanleitung beachten. In allen Fällen muß das Bohrloch **staubfrei** sein (ausblasen und mit Teekannenputzer reinigen).

An unterschiedlichen Ösenformen werden angeboten:

- Hänger (aus stabilem Blech gestanzt) als Zwischenhaken,
- feststehende, unterschiedlich geformte Ösen als Stand- und Zwischenhaken,
- mit Ring oder Doppelring (als Stand- und Abseilhaken),
- spezielle Topropehaken, in die sich das Seil zum Umlenken leicht und bequem einhängen läßt.

Bohrhaken sind genormt (EN und UIAA). Bruch- bzw. Ausreißkraft axial (Längszug) mind. 25 kN (ca. 2500 kp), radial (Querzug) mind. 15 kN (ca. 1500 kp), Werkstoff: nichtrostender Stahl. Bohrhaken mit Spreißkeil, der am Bohrlochgrund aufsitzt, sind für das Felsklettern **nicht** zugelassen.

Trittleitern

Sie werden nur zum künstlichen Klettern verwendet (siehe Seite 111), was nicht mehr Mode ist (nur noch in speziellen Situationen angewandt). Mit dem „Fiffi"-Haken werden sie in Hakenösen oder Karabiner eingehängt, an einer dünnen Schnur gesichert und nach Verwendung am Haken aus diesem heraus- und nachgezogen. Der Griff-„Fiffi" ist bequemer und ermöglicht eine größere Reichweite.

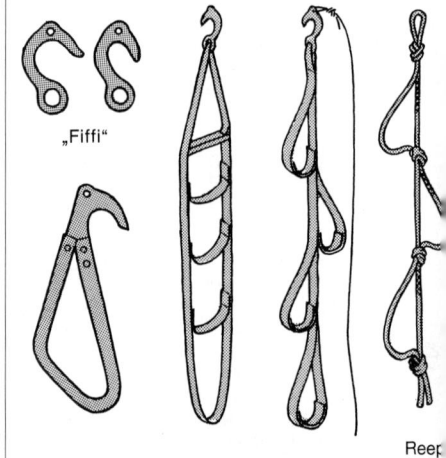

„Fiffi"

Griff-„Fiffi"   Bandleitern   Reepschnurleiter

Seilklemmen

Sie übernehmen die Funktion des Prusikknotens und erlauben ein müheloseres Aufsteigen am fixierten Seil. Zwei verschiedene Größen sind im Handel:

- Seilklemmen **mit** Griff, vorwiegend zum Aufstieg am fixierten Seil, zwei Seilklemmen erforderlich.
- Seilklemmen **ohne** Griff, vorwiegend zur Selbstsicherung beim Klettern mit fixiertem Seil (siehe Seite 88).

Die Fixierung der Seilklemme am Seil erfolgt selbsttätig durch die **Zahnklemme** (Federmechanismus). Die Sperre verhindert ein unbeabsichtigtes Aushängen des Seiles während der Benutzung. Seilklemmen sind genormt (EN und UIAA), Mindestforderung 4 kN (ca. 400 kp).

Abseilachter

Aus Aluminium gefertigt (Gewicht 80 bis 130 Gramm) dienen sie als **Bremsgerät zum Abseilen** und in bestimmten Fällen zur Kameradensicherung.

Gebogene Abseilachter besitzen zwei unterschiedliche Bremsstufen, eine für Halbseil/Zwillingsseil (2 x 9 mm, 2 x 8 mm), die andere für Einfachseil. Bei der (geraden) **Normalform** muß die unterschiedliche Bremskraft von der Bremshand erbracht werden. Festigkeitsangaben der Hersteller 20 kN (ca. 2000 kp) und mehr. Belastungen in dieser Größenordnung treten **nicht** auf, maximal dreifaches Körpergewicht, also nicht mehr als 3 kN (ca. 300 kp).

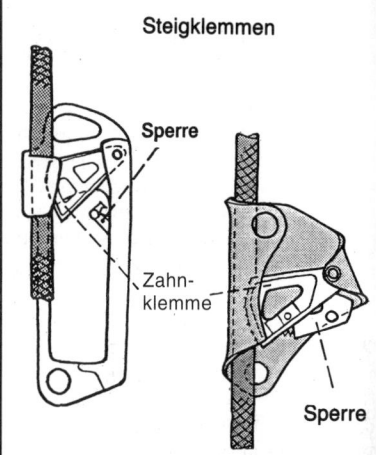

Steigklemmen

Sperre

Zahn-
klemme

Sperre

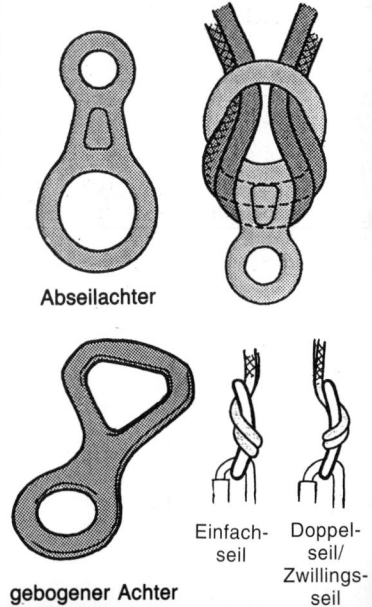

Abseilachter

Einfach-
seil

Doppel-
seil/
Zwillings-
seil

gebogener Achter

Sonstige alpintechnische Ausrüstung fürs Eis

Eisgeräte

Die Geräte werden unterschieden nach:

- Form, insbesondere Form der Haue und des übrigen Geräteteiles (Schaufel oder Hammer) und

- Schaftlänge (Eispickel weisen die längste, Eishämmer die kürzeste Schaftlänge auf).

Die **Form der Haue** und die **Schaftlänge** richten sich nach dem Verwendungszweck, ob der Eispickel als **Führerpickel zum Stufenschlagen** oder als **Zuggerät zur Fortbewegung im Steileis** verwendet werden soll:

Verwendung als Führerpickel zum Stufenschlagen	wenig gekrümmte Haue (Maß „A" größer als Maß „B"), mit Schaufel, Schaftlänge 70 - 95 cm
Verwendung als Zuggerät zur Fortbewegung im Steileis	stark gekrümmte oder abgewinkelte Haue (Maß „A" kleiner als Maß „B", mit Schaufel oder Hammer, Schaftlänge 35 - 70 cm

Eisgeräte mit etwas gekrümmter Haue, Maß „A" ungefähr Maß „B", eignen sich, wenn auch weniger gut, für beides, also sowohl zum Stufenschlagen als auch zur Anwendung der Ankertechnik.

Die Haue soll an der Unterkante eine **Zahnung** aufweisen. Der Zahngrund muß gut erkennbar **gerundet** sein (andernfalls erhöhte Kerbwirkung, Bruchgefahr). Eine Zahnung an der Oberkante ist nachteilig (zusätzliche Bruchgefahr, außerdem läßt sich das Eisgerät schlechter aus dem Eis lösen).

Bei Verwendung als Führerpickel auf Gletschertouren richtet sich die Schaftlänge nach der Körpergröße: Bei aufrechter Körperhaltung soll der Schaft, Pickelkopf bei locker gestrecktem Arm in der Hand, bis zum Boden reichen. Bei Verwendung als Zugpickel zur Fortbewegung im Steileis ist eine erheblich kürzere Schaftlänge anzuraten (größeres Schwungmoment), Schaftlängen 45-55 cm.

Eishämmer werden mit den Schaftlängen 35 - 40 cm angeboten. Die längeren Modelle besitzen am Schaftende eine Spitze (wie Pickel und Eisgeräte), so daß sich die Grenze zwischen den beiden Eisgerätetypen zu verwischen beginnt.

Die Schaft- und Hauenfestigkeit sind genormt. Zur Isolierung (Kälte, Prellen) ist der Schaft mit einer **Griffmanschette** versehen. Je griffiger die Manschette, desto weniger Handkraft ist beim Schlagen erforderlich.

Da die Normung der Hauenfestigkeit erst vor kurzem erfolgt ist, und die Normung deshalb noch nicht grundsätzlich greift, muß damit gerechnet werden, daß noch Pickel und Eisgeräte mit (festigkeitsmäßig) nicht genormten Hauen im Handel und in Gebrauch sind. Hauenbrüche sind folglich immer noch möglich. Es empfiehlt sich deshalb die Verwendung von Wechselsystemgeräten (siehe Seite 46, 47).

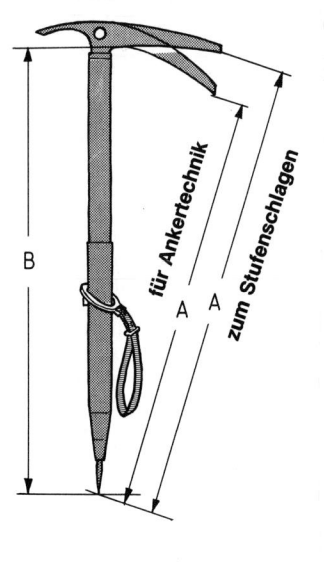
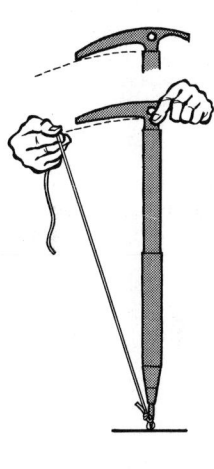

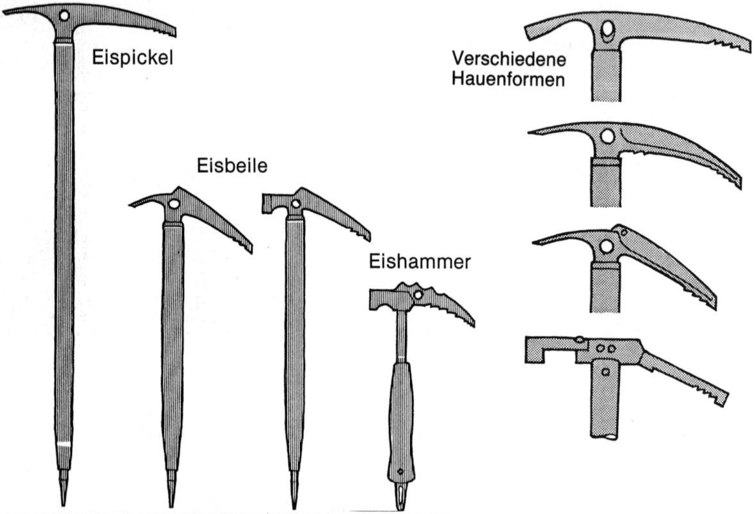

Eispickel

Verschiedene Hauenformen

Eisbeile

Eishammer

Wechselsystemgeräte

Alle führenden Hersteller bieten auch Eisgeräte an, bei denen sich Haue und Schaufel- bzw. Hammerteil auswechseln lassen. So können unterschiedlich geformte Hauen ebenso wie gebrochene Hauen ausgewechselt werden. Die meisten Systeme gelten derzeit als noch nicht ganz ausgereift (**keine** kraftschlüssige Verbindung der Wechselteile, sie **lockern** sich bei Gebrauch, zum Wechseln ist **umständliches Werkzeug** bis hin zum Schraubstock erforderlich, beim Wechsel können Schrauben und

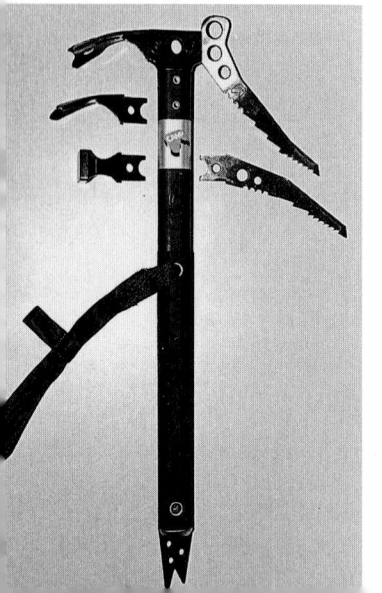

Wechselsystemgerät Camp

Unterlegscheiben verloren werden). Als empfehlenswerte Systeme, deren Teile sich auch im Gelände (Gletscher, Steileis) ohne besondere Schwierigkeiten wechseln lassen, gelten derzeit nur die Fabrikate Stubai und Austrialpin.

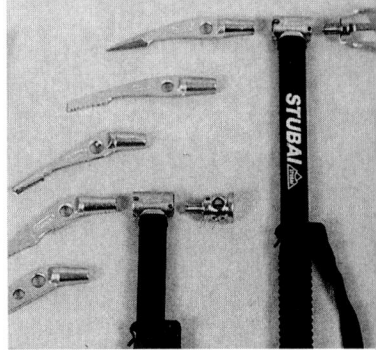

Wechselsystemgerät Stubai

Wahl der Eisgeräte

Die Wahl richtet sich nach dem überwiegenden Verwendungszweck bzw. nach dem Eisgelände:

Verwendung als Führerpickel zum Stufenschlagen und Sondieren im Gletschergelände	ein Gerät mit Schaufel, wenig gekrümmter Haue (Maß „A" größer als Maß „B" und Schaftlänge 70 - 95 cm (abhängig von der Körpergröße)
Verwendung zum Schlagen von Standstufen und Eishaken sowie als Zuggerät zur Fortbewegung in Eisflanken bis etwa 60° Steilheit	zwei Geräte, das eine mit Schaufel, das andere mit Hammer, beide mit stark gekrümmter oder abgewinkelter Haue (Maß „A" kleiner als Maß „B", Schaftlänge unterschiedlich, das Gerät mit Schaufel 60 - 70 cm, das mit Hammer 35 - 55 cm
wie Mitte, jedoch zur Fortbewegung im extremen Steileis (bis senkrecht) in alpinen Eisflanken und an gefrorenen Wasserfällen	drei Geräte, eins mit Schaufel, zwei mit Hammer (das zweite Hammergerät dient als Ersatz bei Hauenbruch), Hauenform wie Mitte, Schaftlänge für beide Geräte 35 - 55 cm, Schaftlänge des Ersatzgerätes etwa 35 cm (Eishammer); statt des dritten Gerätes können bei Wechselsystemgeräten auch Ersatzhauen mitgeführt werden

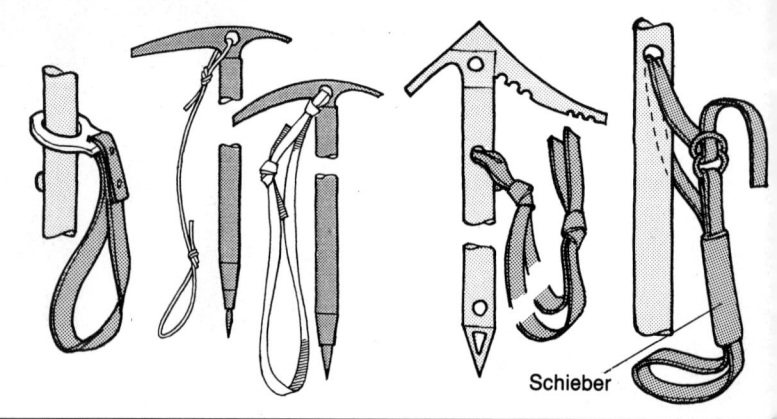

Schieber

Sicherung der Eisgeräte

Zur Sicherung des Eisgrätes bei Verwendung als **Führerpickel** sind zwei Methoden üblich:

- mittels **Handschlaufe** und Gleitring
- mittels **Reepschnur-** oder schmaler **Bandschlinge**

Die Handschlaufe eignet sich am besten für Gletscherbegehungen und weniger steile Firnanstiege, wo der Pickel/das Eisgerät überwiegend in einer Hand bleibt. Auch für die Anwendung des Pickelrettungsgriffes eignet sie sich gut, da der Pickelkopf, sollte er der Hand entgleiten, immer in unmittelbarer Nähe der Hand bleibt.

Die **Reepschnur-** oder **Bandschlinge**, am Pickelloch und am Anseilgurt befestigt, eignet sich besser für steilere Gletscheranstiege und für Gratbegehungen, wo der Pickel/das Eisgerät häufig von einer Hand in die andere genommen werden muß. Die Handschlaufe ist hier zu hinderlich.

Bei Verwendung der Eisgeräte als **Zuggerät zur Fortbewegung im Steileis** dient die Handschlaufe primär zur Entlastung der Finger- und Handmuskulatur. **Ihre Länge muß genau abgestimmt sein**. Befestigung möglichst in einem **Schaftloch** (dadurch weniger Schlingenflattern beim Schlagen). Zur besseren Handhabung und zum Schutz gegen Entgleiten soll die Handschlaufe einen **Schieber** besitzen, mit dem sie nach dem Anlegen auf die Handgelenkgröße verkleinert werden kann.

Pickelrettungsgriff

Mit der Haue wird im Sturzfall gebremst. Deshalb muß der Pickel/das Eisgerät beim Gehen griffbereit so in der Hand gehalten werden, daß die Haue **rückwärts** (nach hinten) zeigt.

Ein Sturz kann sich in vielen Varianten vollziehen. Bremsvorgang in folgender Reihenfolge einleiten:

- Arme und Beine spreizen, um die Körperlage zu stabilisieren und so ein Rotieren und Überschlagen zu verhindern.

- Wenden des Körpers in die Bauchlage.

- Steigeisenbewehrte Füße weg vom Hang (sie verhaken sich leicht und führen so zum Rotieren und Überschlagen sowie zu Verletzungen).

- Pickel bzw. Eisgerät in beiden Händen, mit der Haue möglichst tief in den Firn drücken.

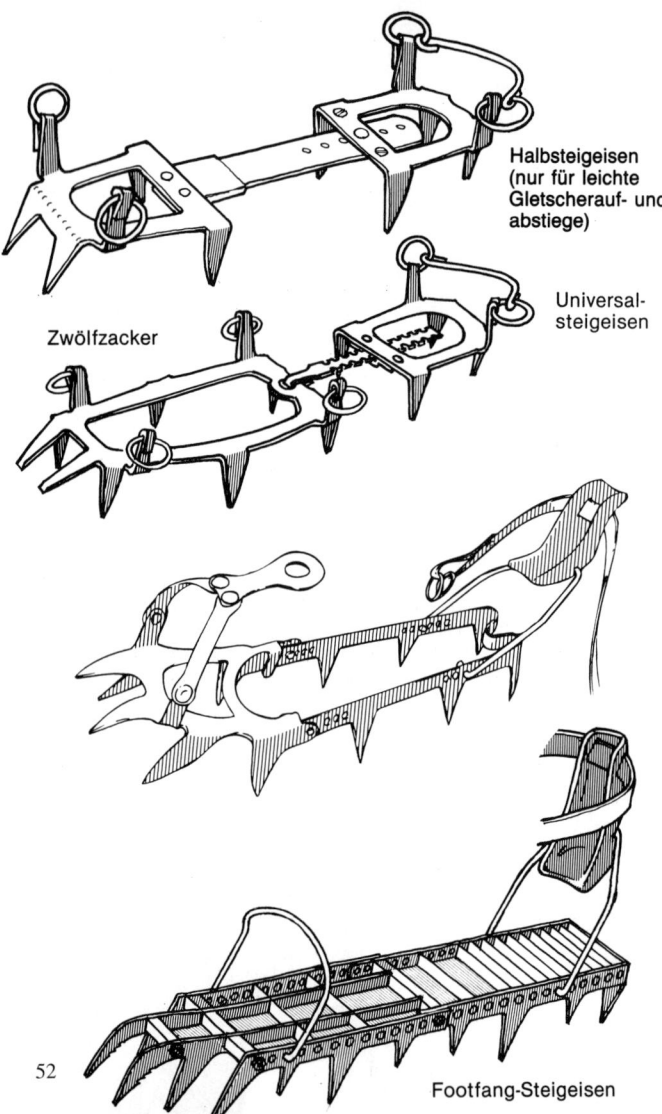

Halbsteigeisen
(nur für leichte
Gletscherauf- und
abstiege)

Universal-
steigeisen

Zwölfzacker

Footfang-Steigeisen

Steigeisen

Es stehen verschiedene Ausführungen zur Verfügung (Gewicht 500 bis 1000 Gramm). Die Wahl richtet sich nach dem Verwendungszweck wie folgt:

- **Halbsteigeisen** für leichtes Firngelände, wo Steigeisen benötigt werden, aber Vollsteigeisen noch nicht notwendig sind (Gewichtsfrage).

- **Universalsteigeisen** mit Gelenk eignen sich für die Mehrzahl aller Eis- und Gletschertouren, ebenso für kombiniertes Gelände (Eis und Fels) und im etwas steileren Eis.

- **Steigeisen für extremes Steileis** bieten besseres Standvermögen durch das zweite, nach vorn gerichtete Frontalzackenpaar. Sie eignen sich ebenso gut für Gletschertouren, jedoch nicht für kombiniertes Gelände.

- **Gelenklose Steigeisen in Kastenform für extremes Steileis** (Footfang-Steigeisen) bieten durch besondere Frontalzackenpaare hervorragendes Standvermögen. Für kombiniertes Gelände nicht geeignet. Nur für extremes Steileis, nicht zum Gehen auf Gletschern.

Steigeisen sind noch **nicht** genormt (man arbeitet am Entwurf). Steigeisen gehören deshalb noch zu den Ausrüstungsstücken, die sicherheitstechnisch am kritischsten sind; sie können bei häufiger Benutzung **immer noch brechen**. Nur wenige Hersteller lassen ihre Steigeisen bereits nach dem Normentwurf prüfen; deshalb in Gebrauchsanleitung und Katalogangaben auf einen entsprechenden Hinweis achten.

Alle Steigeisen werden in **verstellbarer** Ausführung angeboten. **Auf einwandfreie Paßform achten!** Der Schuh soll unverrückbar fest zwischen den Befestigungsbügeln sitzen. Steigeisen werden – vor allem bei Benutzung in kombiniertem Gelände – mit der Zeit stumpf. Mit Feile nachschärfen.

Zur Befestigung an den Schuhen steht die separat anzuschaffende **Beriemung** oder die ins Steigeisen bereits integrierte **Bindung** zur Wahl. Unterschiede wie folgt:

- Die althergebrachte Beriemung ist noch verbreitet, doch nachteilig. Sie beeinträchtigt die Blutzirkulation mehr, als angenommen wird (Erfrierungsgefahr).

- Die Steigeisenbindung mit Kipphebel (zum Spannen an der Ferse) vermeidet dies. Bester Halt an Plastikschuhen, Befestigung an Lederschuhen nicht immer möglich (von der Schuhform und der Schuhsteifigkeit abhängig).

Vertikalzackentechnik

Für weniger steiles Eis. Die Füße werden so aufgesetzt, daß **alle Vertikalzacken** gleichzeitig greifen. Dies macht je nach Hangneigung ein mehr oder weniger starkes Abwinkeln in den Knöchelgelenken erforderlich. Auf folgendes achten:

- Unabhängig von der Hangneigung Oberkörper **immer senkrecht**.
- **Leichte V-Stellung der Füße** (zu große V-Stellung bedingt zu geringes Standvermögen).
- Abstand zwischen den Füßen gut ein **Fußbreit**.
- An steileren Passagen **Stützpickel** verwenden (Fotos, Hand immer nahe am Eis, oben falsch, unten richtig).

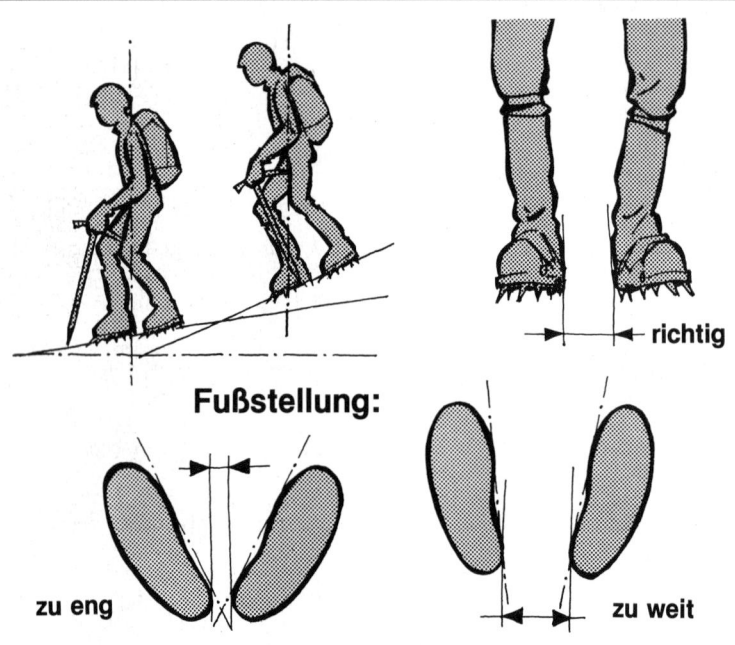

richtig

Fußstellung:

zu eng   zu weit

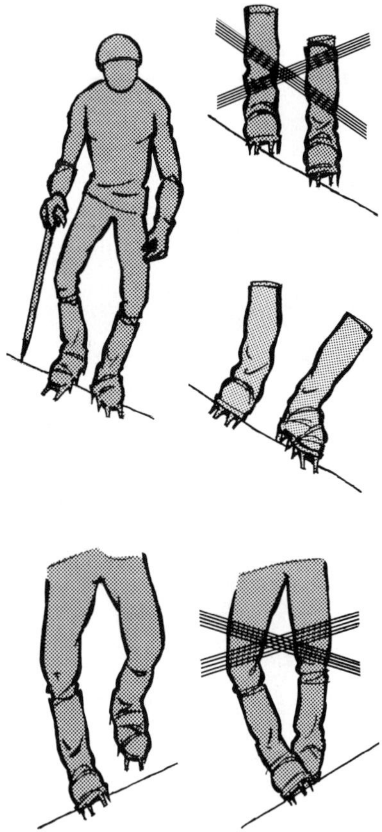

Frontalzackentechnik

Steilere Firn- und Eisflanken (steiler als etwa 45° werden mit der Frontalzackentechnik in gerader Richtung direkt auf- oder abgestiegen. Zur Fortbewegung und zur Gleichgewichtserhaltung werden zwei für die Anwendung der **Ankertechnik** geeignete Geräte benötigt.

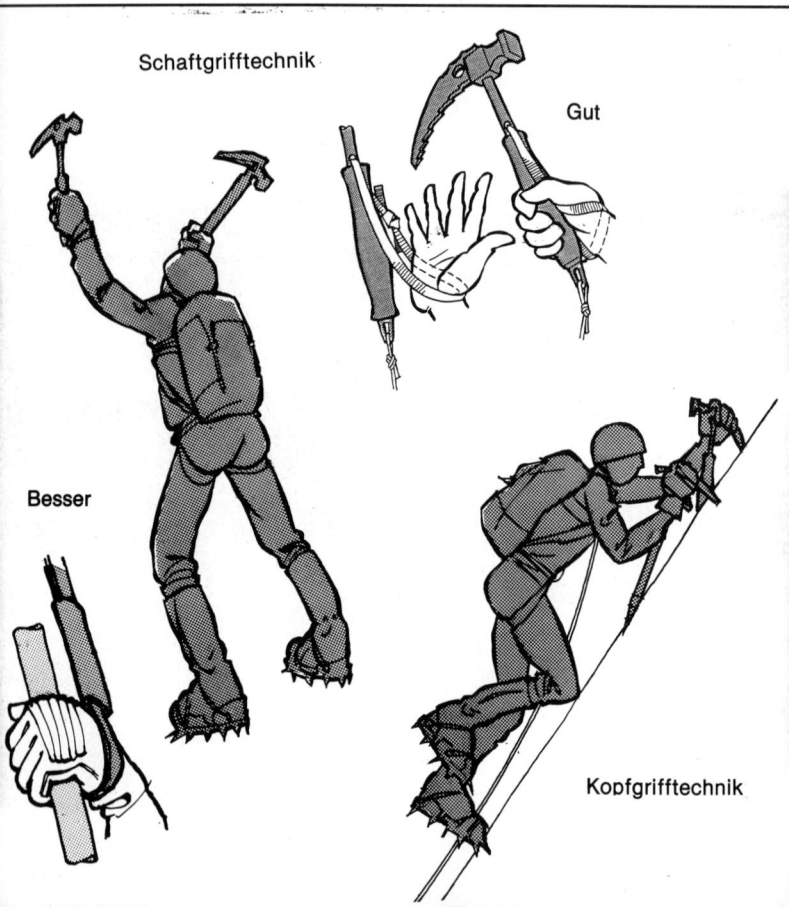

Schaftgrifftechnik

Gut

Besser

Kopfgrifftechnik

Zur Beinarbeit:

- Frontalzacken mit kräftigem Pendelschlag des Unterschenkels ins Eis stoßen. Auch das erste Vertikalzackenpaar soll greifen.

- Beim folgenden Belasten (Gewichtsverlagerung) Ferse etwas senken (leichteres Stehen, weniger kraftraubend).

Zur Handarbeit

- Bei Firn und weichem, weniger steilem Eis **Kopfgrifftechnik** = Hände am Gerätekopf, dadurch leichteres Entfernen der Geräte aus dem Firn bzw. Eis.

- Bei hartem Eis und bei Steileis **Schaftgrifftechnik** = Hände am Geräteschaft; dadurch kräftigerer Zug beim Plazieren der Eisgeräte und größere Haltekraft im Eis.

Vierfüßlertakt

Bewegungsablauf abhängig von der Steilheit und der Art des Eises:

- Firn und weiches, weniger steiles Eis: **Vierfüßlertakt** = rechter Arm/linkes Bein/linker Arm/rechtes Bein. Bei geringerer Steilheit kann dies so erfolgen, daß der Bewegungsablauf rechter Arm/linkes Bein gleichzeitig erfolgt, danach gleichzeitig linker Arm/rechtes Bein. Wird es steiler, ist der Bewegungsablauf einzeln vorzuziehen.

- Hartes Eis und Steileis: **Raupentakt** = rechter Arm/linker Arm (Hub etwa 50 cm), danach rechtes Bein/linkes Bein/rechtes Bein (Hub insgesamt 50 cm). Bewegungsablauf nur einzeln.

Raupentakt

Kombitechnik

Längeres Gehen mit Frontalzackentechnik in steileren Firn- und Eisflanken ist immer anstrengend, vor allem in großen Höhen. Die **kombinierte Frontalzacken-/Vertikalzacken-Technik** (deshalb auch **Kombitechnik**) ist weniger anstrengend, bietet leichter sicheres Geh- und Stehvermögen, und ist deshalb auch besonders im Abstieg (Rückzug) anzuraten. Im Aufstieg „Vierfüßler"- oder „Raupentakt", im Abstieg nur „Raupentakt".

Die Kombitechnik eignet sich auch gut zum Erlernen beider Techniken. Üben abwechselnd, mal links Vertikalzackentechnik/rechts Frontalzackentechnik, dann umgekehrt.

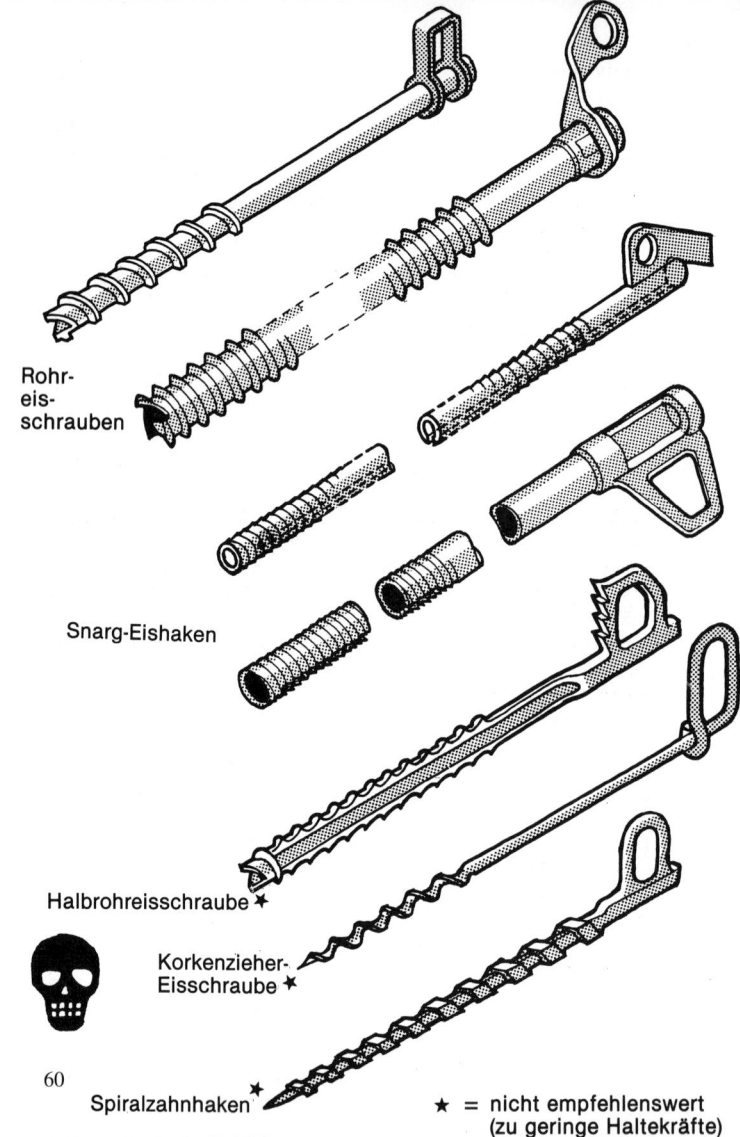

Rohr-
eis-
schrauben

Snarg-Eishaken

Halbrohreisschraube ★

Korkenzieher-
Eisschraube ★

Spiralzahnhaken ★

60

★ = nicht empfehlenswert
(zu geringe Haltekräfte)

Eisschrauben und Eishaken

Sie dienen als Sicherungspunkte im Eis und sind genormt (EN und UIAA). Als Kriterium gilt die Mindesthaltekraft von **15 kN (ca. 1500 kp)**.

- Nur die **Rohrform** erreicht die geforderte Haltekraft im Eis, nur die Rohrform weist eine sicherheitstechnisch ausreichend geringe Sprengwirkung auf. Je größer der Durchmesser, desto größer die Haltekraft im Eis.

- **Alle anderen Formen** z.B. Halbrohrform, Korkenzieherform, konische Form (auch Spiralzahnhaken) und Vollmaterialform (keine Rohrform) liegen mit ihren Haltekräften **unter dem geforderten Haltekraftwert** und können **nicht** empfohlen werden. Alle konischen Eisschrauben und Eishaken und alle aus Vollmaterial weisen darüber hinaus eine zu **große Sprengwirkung** auf (das Eis bekommt Risse und platzt schon beim Setzen, spätestens bei Belastung in Schollen weg).

Eisschrauben werden ins Eis **ein-** und nach Benutzung wieder **herausgedreht**. Ist das Eis sehr hart, greifen die Zähne nicht gleich; dann können einige leichte Hammerschläge helfen.

Eishaken werden mit dem Eisgerät (mit Hammerkopf) ins Eis **hineingeschlagen** und nach Benutzung **herausgedreht**.

Eishaken werden durch die Hammerschläge **deformiert**, sie können **Risse (Haarrisse)** erhalten. Nach jeder Verwendung überprüfen und gegebenenfalls aussondern.

Rohreisschrauben und Rohreishaken werden meist in **unterschiedlichen Längen** angeboten. Um die Mindesthaltekraft von 15 kN (ca. 1500 kp) zu erreichen, ist eine **Mindestnutzlänge** erforderlich (Nutzlänge = Einschraub- bzw. Einschlaglänge, **nicht** Gesamtlänge):

- Rohreisschrauben mindestens 15 cm
- Rohreishaken mindestens 18 cm

Kürzere Eisschrauben und Eishaken werden für dünne Eisschichten (auf Fels) verwendet und erreichen nur entsprechend geringere Haltekräfte. Längere Eisschrauben und Eishaken als solche mit 20 cm Nutzlänge sind nicht erforderlich.

Eisschrauben und Eishaken aus Aluminium (Titanal) oder Titan sind wegen ihres geringen Gewichts empfehlenswert.

Da sich Eishaken, weil sie eingeschlagen werden, schneller setzen lassen als Eisschrauben, die eingeschraubt werden müssen, sind erstere als schnell anzubringende Zwischensicherung und als erster Fixpunkt am Standplatz zu empfehlen; als zweiter Fixpunkt am Standplatz empfiehlt sich eine Eisschraube.

Setzen von Eisschrauben und Eishaken

Das **morsche Oberflächeneis** wird **großflächig muldenartig weggehackt**, bis festes Kerneis erreicht ist.

Setzwinkel für alle Rohreisschrauben und alle Rohreishaken etwa 100° zur Eisoberfläche (unterer Winkel), scherzhaft formuliert „90° plus einen kleinen Naggler nach oben".

Rohreisschrauben lassen sich anfangs von Hand eindrehen; sollte dies nicht möglich sein (stumpfe Zähne, hartes Eis), dann mit wenigen leichten Hammerschlägen eintreiben, bis merklicher Widerstand spürbar; dann wird die Schraube mit dem Eisgerät (oder mit einer zweiten Eisschraube, Eishaken) vollends ins Eis gedreht, bis die Öse fest auf dem Eis aufsitzt und nach unten zeigt.

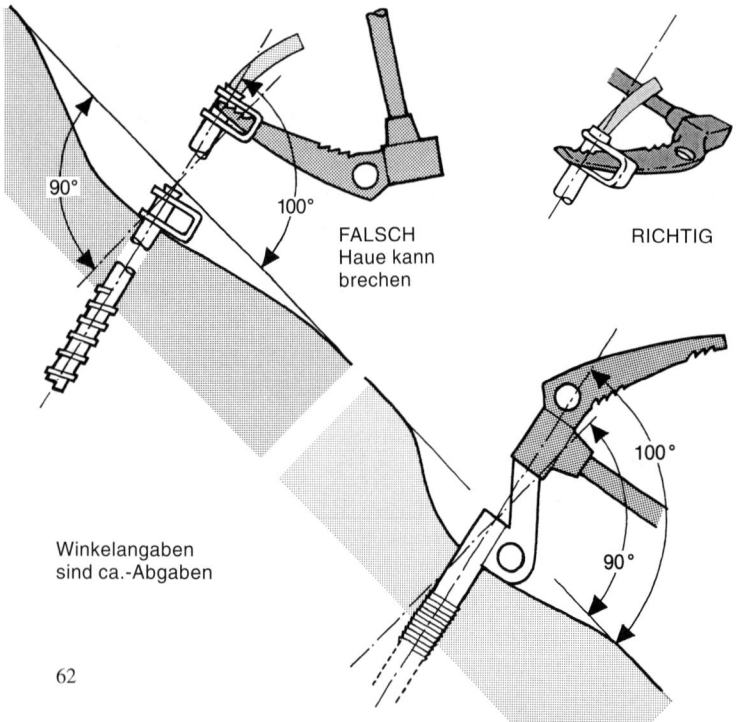

90°

100°

FALSCH
Haue kann
brechen

RICHTIG

100°

90°

Winkelangaben
sind ca.-Abgaben

62

Rohreishaken werden mit kräftigen Hammerschlägen ins Eis getrieben, bis die Öse fest auf dem Eis aufsitzt. Während des Einschlagens dreht sich der Rohreishaken leicht um die Längsachse (Gewinde). Deshalb am besten mit der Öse auf „10 Minuten vor halb" beginnen, notfalls mit dem Eisgerät drehen, bis sie nach unten zeigt.

Zum **Lösen** werden Rohreisschrauben und Rohreishaken aus dem Eis **herausgedreht**. Nach den ersten zwei, drei Umdrehungen mit einem Eisgerät lassen sie sich meist mit der Hand vollends herausdrehen. Nach dem Lösen muß der Eispfropf entfernt werden. Schraube in der Hand kurz anwärmen und Pfropf herausschleudern oder – wenn nicht sofort wieder benötigt – an den Anseilgurt hängen; die Strahlungswärme löst den Pfropf, sofern nicht extreme Minustemperaturen herrschen.

Benötigte Anzahl an Eisschrauben und Eishaken

- Für Gletscherbegehungen werden pro Seilschaft zwei Eisschrauben für Notfälle benötigt.

- Für die Begehung von Eiswänden bis etwa 60° Steilheit sind pro Seilschaft zwei Rohreisschrauben und fünf Rohreishaken anzuraten (je zwei Eisschrauben am Standplatz, drei Eishaken als Zwischensicherung).

- Für steilere Eistouren ist – je nach Können – die Mitnahme weiterer Rohreishaken und einiger Rohreisschrauben zu empfehlen (mehr Zwischensicherungen).

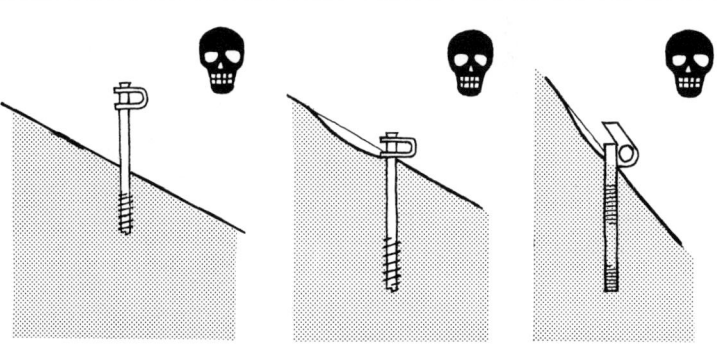

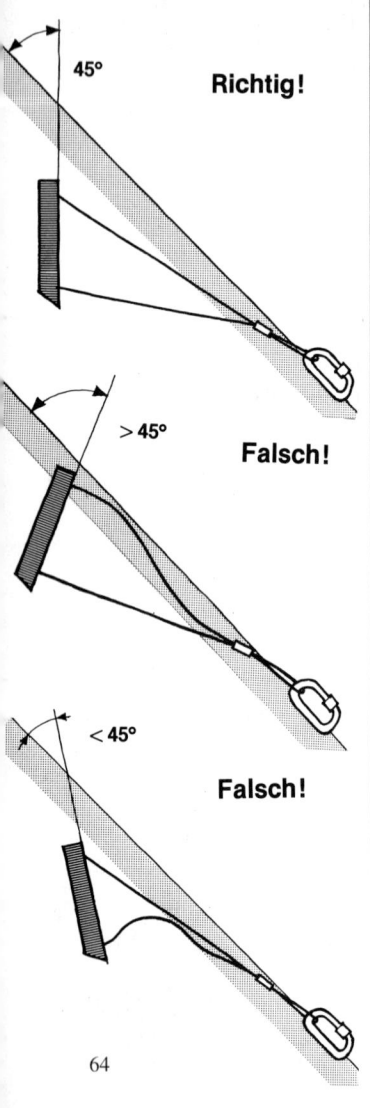

Richtig!

45°

Falsch!

\> 45°

Falsch!

< 45°

Firnanker

Die Anwendung ist umstritten. Bei Belastung kann er sich tiefer in den Firn eingraben, wofür er konzipiert ist, und so der Sturzbelastung standhalten, er kann aber ebenso auch herausgerissen werden. Kriterien für die sichere Haltbarkeit im Firn sind noch nicht bekannt.

Von der Verwendung des Firnankers muß grundsätzlich **abgeraten** werden. Besser die **T-Verankerung** verwenden.

Werden trotzdem Firnanker benutzt, dann muß – um die Haltbarkeit im Firn nicht schon von vornherein ungünstig zu beeinflussen – wenigstens auf folgendes geachtet werden:

● Das Alublatt muß etwas abgewinkelt sein.

● Das Stahlkabel muß unter bestimmtem Winkelverzug sicher am Alublatt befestigt sein.

● Einstichwinkel etwa 45° zur Hangoberfläche.

● Firnanker möglichst tief in den Firn drücken.

● Firn oberhalb und in Zugrichtung des Firnankers verdichten.

Hat der Firnanker der Belastung standgehalten, muß er immer zeitraubend (da bis zu einem Meter tief eingegraben) herausgepickelt werden.

Eis-Fiffi

Ein dem Fiffi für Felshaken nach-
empfundener Fiffi-Haken zum
Einschlagen ins Eis dient zur
Benutzung mit Trittschlinge zum
künstlichen Eisklettern oder mit
Reepschnurschlinge als Sitz-Fiffi
zum Rasten sowie mit Handschlaufe als Eisgerät zum Aufstieg im
Steileis. Durch anschraubbare
Zusatzgewichte kann die Schlag-
wucht erhöht werden.

Firnschaufel

Sie läßt sich an Pickeln, Eisbeilen
und Eishämmern für verschiedenen Gebrauch anbringen. Sie kann
als optimaler Halt beim Auf- und
Abstieg in steilen Firnflanken dienen, aber auch als Grabgerät bei
Rettungen und zum Errichten von
Schneehöhlen und Schneelöchern.
Aufgrund der vielseitigen Verwen-
dungsmöglichkeit ist die Mitnahme auf Eistouren immer anzuraten.

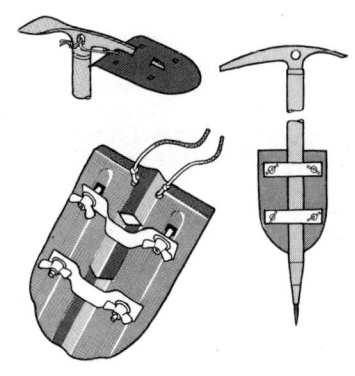

Pulleys und Rollen

Um bei Spaltenbergung mittels
„Loser Rolle" die lästige, kraftrau-
bende Seilreibung im Karabiner zu
reduzieren, werden Pulleys oder
Rollen (letztere in einen Karabiner
eingehängt) verwendet. Verschiedene Modelle sind im Handel, nur
die mit beweglichen Schenkeln
(zum Einhängen des Seiles) sind
zu empfehlen.

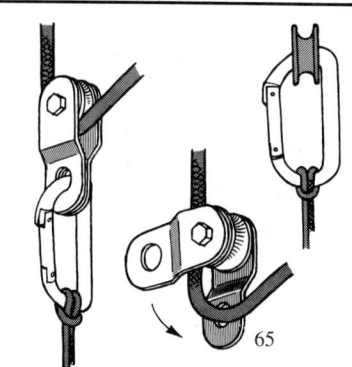

65

Knoten

Nachfolgend aufgeführte Knoten sind für alle Situationen der Praxis ausreichend. Dabei gilt es folgendes zu beachten:

- Alle Knoten müssen **jederzeit**, auch nachts und unter Zeitdruck, sicher **geknüpft** und anhand des Knotenbildes **beurteilt** werden können.

- Alle Knoten sofort nach dem Knüpfen **an allen Strängen kräftig festziehen**. Dabei dürfen die Enden nicht zu kurz sein: Seil- und Reepschnurenden nicht kürzer (gemessen in cm) als der Durchmesser (gemessen in mm). Bandenden nicht kürzer als dreimal Bandbreite.

Unter Zugbelastung werden alle textilen Fasern **im Knoten geschwächt**. Unter **relativer Knotenfestigkeit** versteht man das Verhältnis der Bruchlast im Knoten zur Bruchlast ohne Knoten (angegeben in %). Die relative Knotenfestigkeit beträgt je nach Knoten, Querschnitt und Fabrikat der Reepschnur bzw. des Bandes etwa 50 bis 70%. Die relative Knotenfestigkeit ist nur für Reepschnur und Band von Bedeutung, **nicht** für Seile. Heutige Bergseile sind so konstruiert, daß sie auch bei größter in der Praxis auftretender Sturzbelastung nicht im Knoten reißen können.

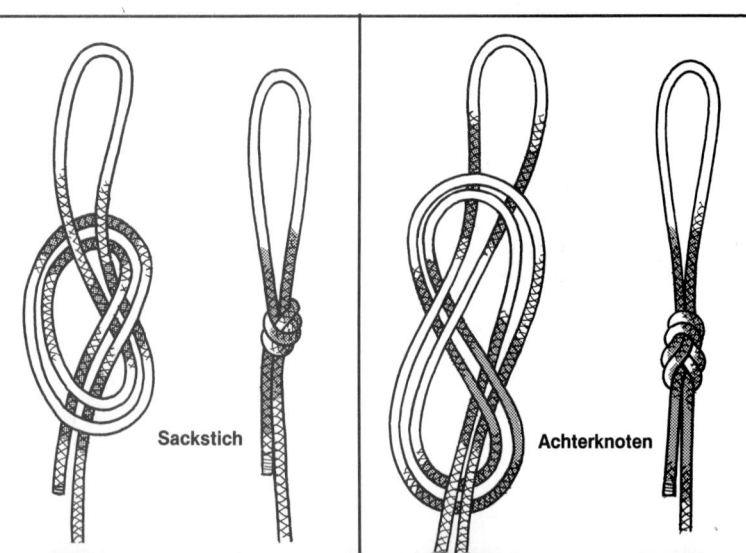

Sackstich   Achterknoten

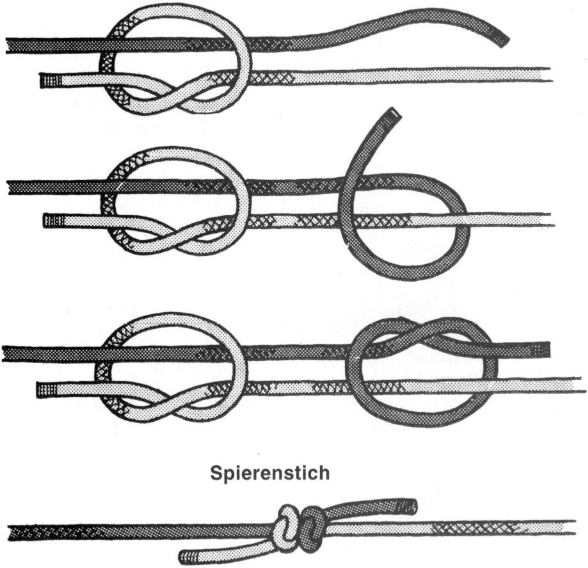

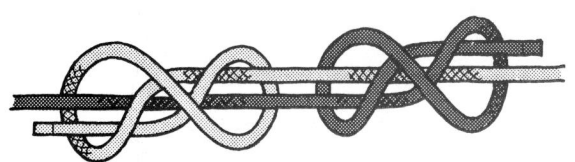

Spierenstich

Englischer (doppelter) Spierenstich

**Bandschlingenknoten
(Bandknoten)**

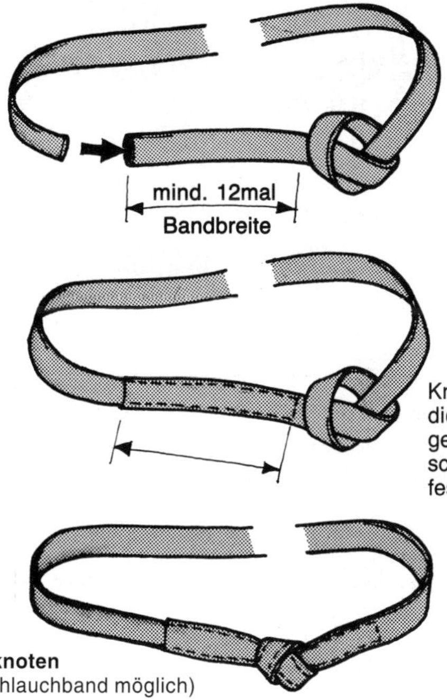

mind. 12mal
Bandbreite

Knoten über
die ineinander
gefügten Enden
schieben und
festziehen

Schlauchknoten
(nur mit Schlauchband möglich)

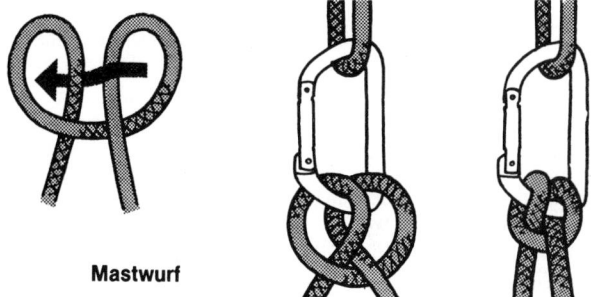

Mastwurf

69

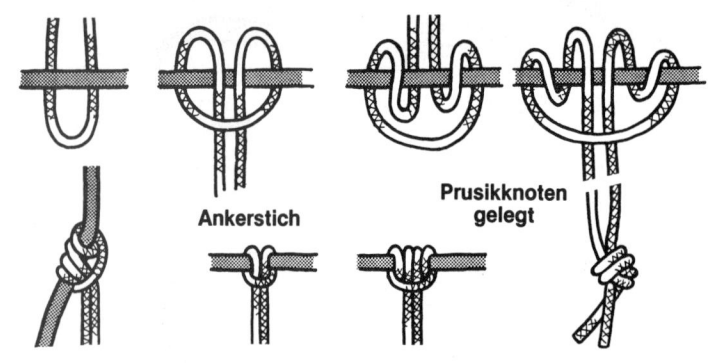

Ankerstich

Prusikknoten gelegt

Klemmknoten

Das sind Knoten, die sich, um ein fixiertes Seil gelegt, bei Belastung festziehen (klemmen), während sie sich bei Entlastung am Seil verschieben lassen.

Der Reepschnurdurchmesser muß in bestimmtem Verhältnis zum Seildurchmesser stehen, andernfalls **keine** Klemmwirkung. Es gilt: **Reepschnurdurchmesser ungefähr gleich halber Seildurchmesser**. Am besten eignet sich 5 mm starke Reepschnur.

Sind Seil und Reepschnur naß oder vereist, muß eine Seilumschlingung mehr angelegt werden.

Klemmknoten werden verwendet:

● zum Aufprusiken (Aufstieg) am fixierten Seil (siehe Seite 132, 133, 156, 157)

● für die Flaschenzugtechnik (Lose Rolle, Einfachflaschenzug, Mehrfachflaschenzug) (siehe Seite 134, 135, 152 - 155)

● zur Selbstsicherung beim Abseilen (siehe Seite 127)

Bei Benutzung von 5-mm-Reepschnur lassen sich alle Klemmknoten am Einfachseil wie am einfachen Halbseil und auch am Zwillingsseil (2 x 8 mm, parallel) anwenden. Steht nur dickere Reepschnur zur Verfügung, muß wie bei nassen und/oder vereisten Seilen eine Seilumschlingung mehr angelegt werden.

Von solchen Klemmknoten, die unter Körpergewicht oder noch höherer Last festgezogen wurden, läßt sich der Karabiner-Klemmknoten am leichtesten wieder lösen.

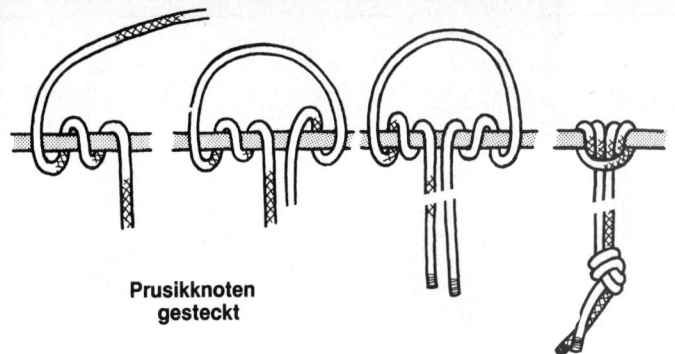

**Prusikknoten
gesteckt**

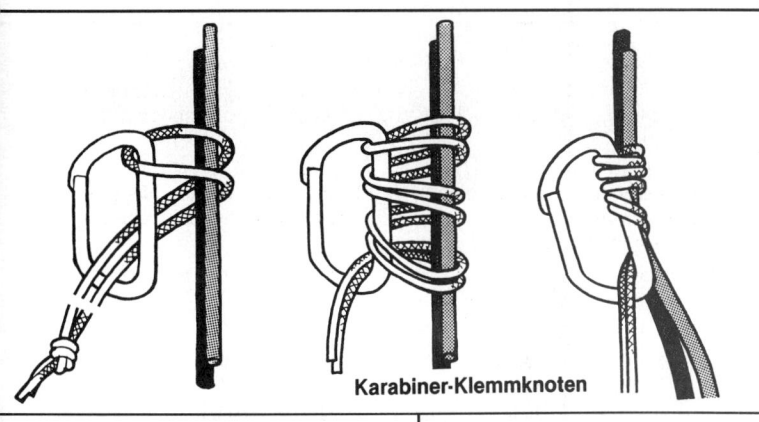

Karabiner-Klemmknoten

Wickel-Klemmknoten

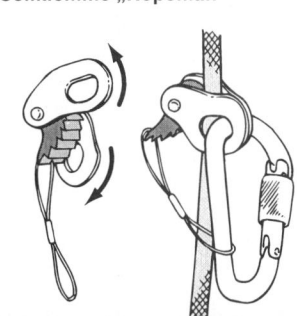

Seilklemme „Ropeman"

Die Anwendung des Seiles
zur Sicherung im Fels

Das Angeseiltsein allein bietet noch keine Sicherheit vor Absturz am Fels. Erst die sicherungstechnisch richtige Anwendung des Seiles kann den Absturz eines einzelnen Kletterers oder den einer ganzen Seilschaft verhindern.

Doch auch der durch fachgerechte Seilsicherung abgefangene Sturz kann für den Stürzenden durch unsanfte Felsberührung oder direkten Aufschlag auf Fels mit schweren oder gar tödlichen Verletzungen enden. Die Sturzhöhe beträgt bei senkrechtem Aufstieg bedingt durch Schlappseil, Seildehnung und dynamische Sicherung etwa das **Dreifache** der Entfernung zur letzten verläßlichen Zwischensicherung.

Nicht jede Zwischensicherung wie Klemmkeil, Klemmgerät oder Felshaken ist einer Sturzbelastung gewachsen. Wird sie herausgerissen, vergrößert sich die Sturzhöhe und damit das Verletzungsrisiko. Deshalb möglichst **sicher** und etwas **unterhalb der Leistungsgrenze** klettern. Nur in unmittelbarer Nähe einer verläßlichen Zwischensicherung sollte eine deutliche Annäherung an die Sturzgrenze gewagt werden.

Im Absturzgelände beinhaltet gleichzeitiges Gehen und Klettern am Seil immer die **Gefahr des Mitgerissenwerdens**. Das Seil überträgt die Belastung nur vom einen Seilende auf das andere. Es verhindert keinen Sturz und keinen Absturz der ganzen Seilschaft.

Deshalb muß bei Seilbenutzung **jeder** Seilpartner **jederzeit** gesichert sein. Dazu dienen die **Gefährtensicherung** und die **Selbstsicherung**. Beide unterscheiden sich wie folgt:

- **Gefährtensicherung** = Sicherung des oder der Gefährten vor Absturz
- **Selbstsicherung** = eigene Sicherung vor Absturz

Beide Sicherungen erfolgen am Fixpunkt des Standplatzes (die Gefährtensicherung am Körper ist Ausnahmefällen vorbehalten). Im einzelnen siehe:

- Einrichten des Standplatzes - Seite 78 - 79
- Selbstsicherung - Seite 81, 82 und 99
- Kameradensicherung - Seite 80 - 87

Anseilen im Fels

Beim Anlegen des bzw. der Anseilgurte (Brustgurt, Hüftgurt oder Anseilkomplettgurt) auf folgendes achten:

- Brustgurt so wählen oder so einstellen, daß die Anseilschlaufen vor der Brust einen Abstand von **2 - 3 Fingerbreiten** aufweisen (zu klein gewählte Brustgurte belasten den Oberkörper unnötig und führen bei freiem Hängen zu Atemnot).

- Brustgurt **zwei Handbreiten unter den Achselhöhlen anlegen**, die Anseilschlaufen vor der Brust eher etwas tiefer, den Brustgurt am Rücken eher etwas höher.

- Hüftgurt so wählen oder so einstellen, daß er bei Bewegungen nicht von der Hüfte rutschen kann.

Die richtige Paßform kann nur durch einen **Hängetest** ermittelt werden. Die Verbindung von Brust- und Hüftgurt erfolgt mit einer Reepschnur (nicht unter 7 mm Durchmesser) oder einem Band (mit mindestens zwei Festigkeitskennstreifen, siehe Seite 21) mit Sackstich im Hüftgurt und Bandknoten (Band und Reepschnur) am Brustgurt.

Als Anseilknoten dient der **gesteckte Sackstich** oder der **gesteckte Achterknoten** (letzter ist etwas voluminöser, läßt sich aber nach Sturzbelastung etwas leichter wieder lösen).

Auch die Verwendung eines Hüftgurtes **ohne** Brustgurt ist üblich, beinhaltet jedoch bei unkontrollierbaren Stürzen die Gefahr des Oberkörper-Abkippens nach hinten (Schleudertrauma, Verletzungen der Wirbelsäule und Kopfverletzungen).

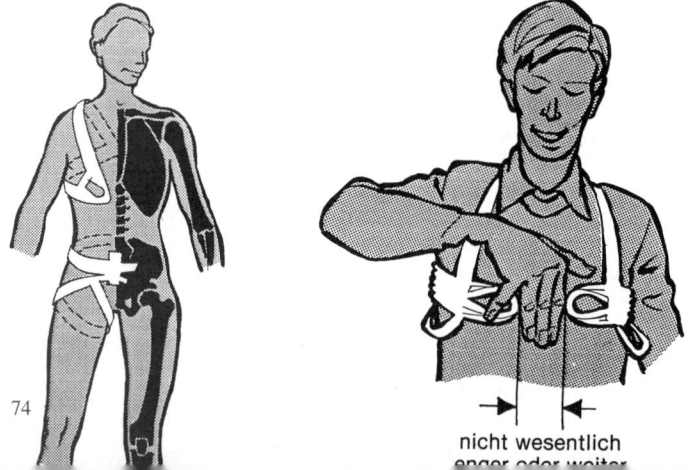

nicht wesentlich
enger oder weiter

74

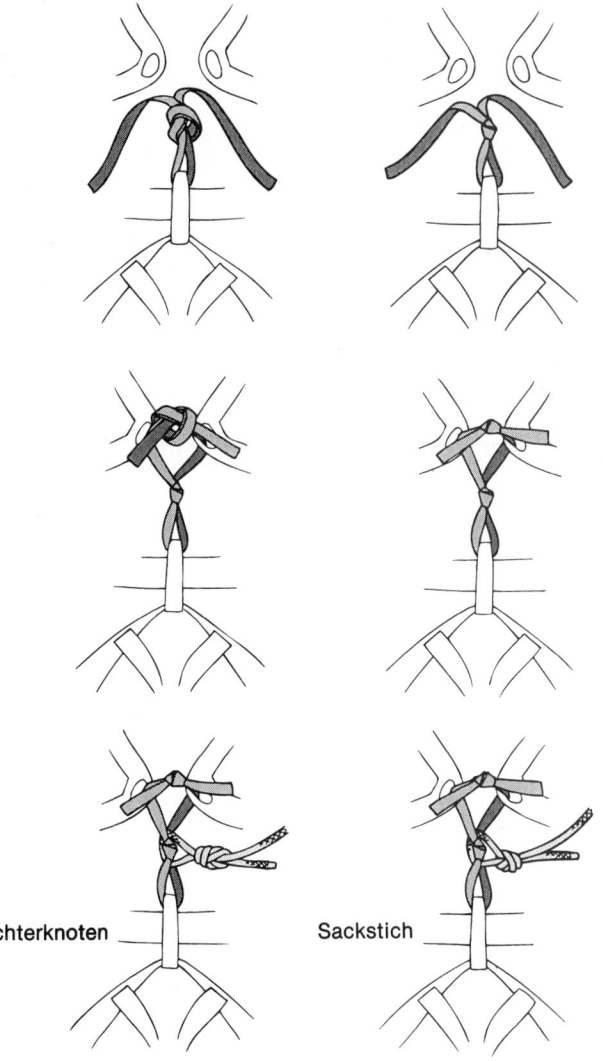

Achterknoten   Sackstich

Auch das Anseilen **direkt ins Seil** ist auf die im Prinzip gleiche Weise wie auf Seite 75 möglich. Es empfiehlt sich nur der **Sackstich** (der Achterknoten wird zu voluminös). Man beginnt mit dem Sackstich im Hüftgurt und läßt einen ausreichend langen Seilschwanz, mit dem man die Verbindung zum Brustgurt herstellt. Vom Brustgurt führt der Seilschwanz durch den noch nicht fest zugezogenen Sackstich und wird unterhalb desselben mit einem Strang der Seilschlinge verknüpft.

Anseilen mit Zwillingsseil

Neben den beiden Möglichkeiten, sich entweder mit Reepschnur- bzw. Bandschlinge ins Seil einzubinden, stehen noch zwei Möglichkeiten, sich direkt ins Seil einzubinden, zur Wahl:

● Jeder Seilstrang wird einzeln geknotet, Vorteil: Man kann jedes Seil einzeln lösen, vorteilhaft bei Seilquergängen (siehe Seite 114, 115);

● Beide Seilstränge werden wie ein einziges Seil geknotet, also nur mit einem Knoten.

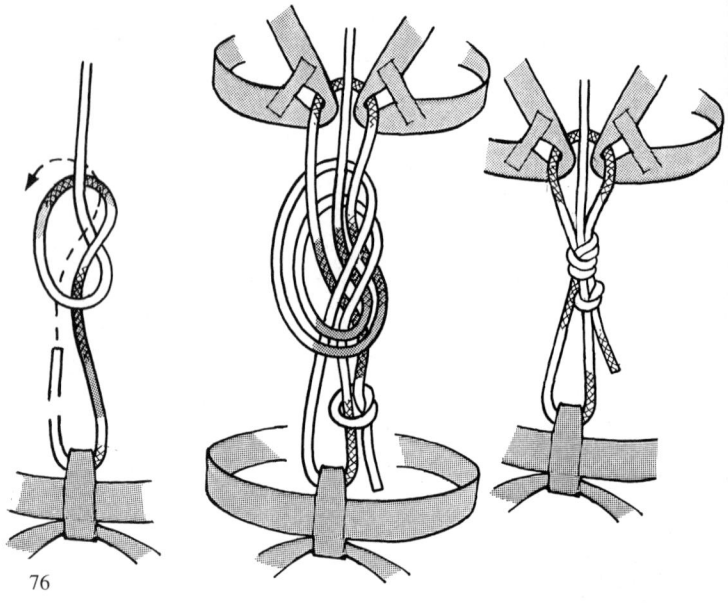

76

Einrichten des Standplatzes

Am Standplatz muß **mindestens** ein **ausreichend sicherer Fixpunkt** vorhanden sein oder geschaffen werden, an dem die Sicherung der Seilschaft (Gefährtensicherung und Selbstsicherung) erfolgt. Ohne einen solchen Fixpunkt kann ein Standplatz nicht zum Sichern des oder der Gefährten dienen. Als Fixpunkt können verwendet werden:

- Felshaken
- Klemmkeile und Klemmgeräte, Belastung nur in der dafür vorgesehenen Richtung!
- Sanduhren
- Felsköpfel, Belastung nur nach unten, **nicht** nach oben!
- Bäume

Der Fixpunkt muß in **allen**, den Sicherungssituationen angepaßten Sturzzugrichtungen belastbar sein, gegebenenfalls nach unten, nach oben und in seitlicher Richtung.

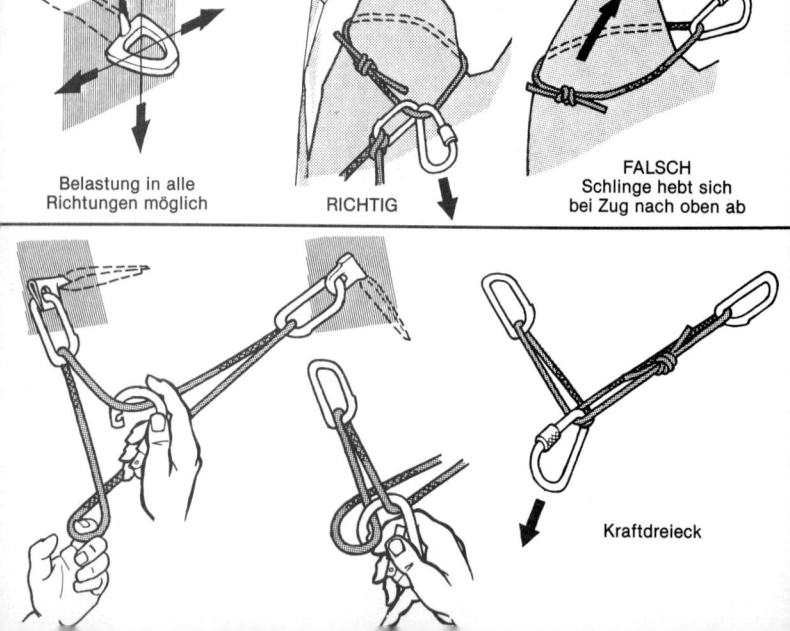

Belastung in alle
Richtungen möglich

RICHTIG

FALSCH
Schlinge hebt sich
bei Zug nach oben ab

Kraftdreieck

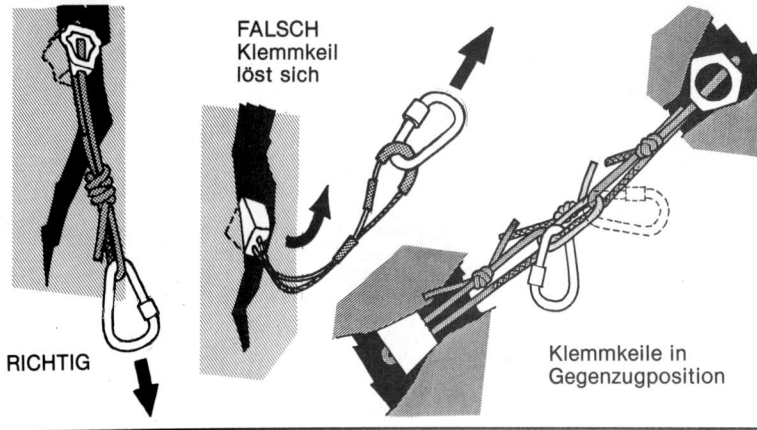

FALSCH
Klemmkeil
löst sich

RICHTIG

Klemmkeile in
Gegenzugposition

Ist ein Fixpunkt nur in einer Sturzrichtung belastbar (Klemmkeil, Klemmgerät, Felsköpfel) und können weitere Sturzzugrichtungen auftreten, muß ein **zweiter**, in diesen möglichen Sturzzugrichtungen belastbarer Fixpunkt geschaffen werden und beide müssen mit einer **Schlinge gegeneinander verspannt werden**.

Erscheint ein Fixpunkt nicht sicher genug, muß ein **zweiter** angebracht werden. Verbindungen der Fixpunkte zu einem zentralen Sicherungspunkt durch das **Kräftedreieck** (auch Ausgleichsverankerung), dabei auf folgendes achten:

- Fixpunkte möglichst **nahe beieinander** wählen, damit das Kräftedreieck nicht zu groß ausfällt (andernfalls beim Umschlagen durch Sturzzugrichtung nach oben unnötig große Sturzstreckenverlängerung). Bei größerem Kraftdreieck dieses mit einem dritten Fixpunkt nach unten absichern.

- Der Winkel zwischen den beiden Belastungssträngen soll das Maß von 90° nicht überschreiten (andernfalls keine nutzbringende Kraftaufteilung).

Werden an Standplätzen Fixpunkte angetroffen, so müssen sie auf ausreichende Haltbarkeit (Festigkeit, sicherer Sitz) überprüft werden. Dies kann nur durch Augenschein und Abschätzen, bei Haken mit dem Hammer erfolgen. Erscheint ein **angetroffener** Fixpunkt **nicht** sicher genug, muß ein besserer angebracht werden. Bei Haken ist ein Nachschlagen (tiefer eintreiben) oft hilfreich.

Von der sicheren Haltbarkeit des oder der Fixpunkte am Standplatz hängen die Überlebenschancen der ganzen Seilschaft ab!

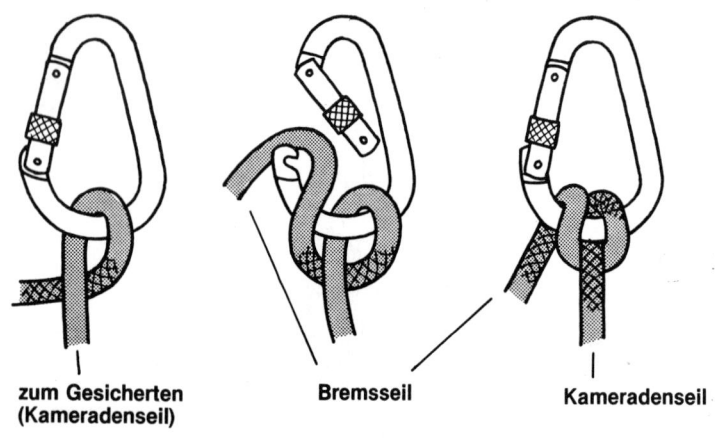

zum Gesicherten
(Kameradenseil)   **Bremsseil**   **Kameradenseil**

Kameradensicherung mit HMS am Einfachseil

Zur Benutzung der HMS (= Halbmastwurfsicherung) eignen sich nur **HMS-Karabiner** (birnenförmig). Normalkarabiner (D-förmig) neigen zum Seilblockieren.

Direkte Verwendung der HMS nur in sicheren Bohrhaken (siehe rechte Seite oben). Bei Verwendung von Schlingen (Kräftedreieck, Sanduhr, Köpfelschlinge) erfolgt die Anwendung der HMS in der Schlinge.

Bedienung der HMS (Seilausgeben und -einholen) erfolgt mit je einer Hand an je einem Seilstrang. Die Hand am nicht zum Gesicherten führenden Seilstrang (Hand hinter der Bremse) ist die **Bremshand**. Die andere Hand dient nur zur Seilführung, sie ist die **Führungshand**. Zwischen Seilausgeben und -einholen bzw. umgekehrt muß die Bremsschlinge von der einen Seite des HMS- Karabiners durch diesen auf die andere Seite gezogen werden.

Stürzt der Gesicherte, muß die Bremshand **reflexartig** kräftig um das Bremsseil geschlossen werden! Bei größerer Sturzhöhe und höherem Sturzfaktor tritt **Seildurchlauf** an der HMS auf, der ab etwa $\frac{1}{2}$ m zu Handverbrennungen führt. Mit einem **Bremshandschuh** (am besten aus Leder) kann dem vorgebeugt werden. Sturzbelastungen dieser Größenordnung sind jedoch selten. Bei den allermeisten ist der Seildurchlauf derart gering, daß noch keine wesentlichen Verletzungen auftreten.

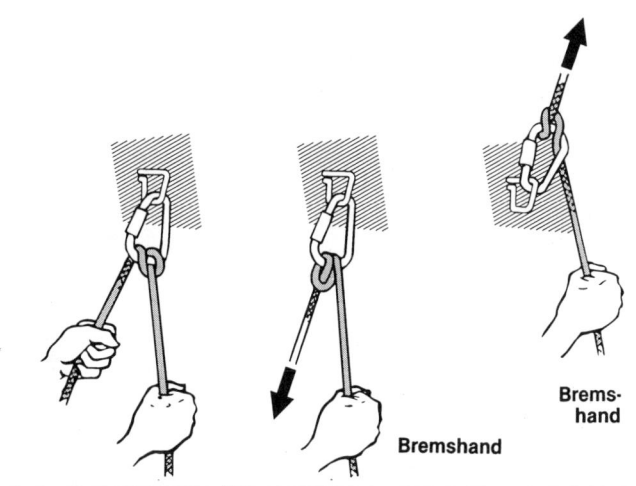

**Brems-
hand**

Bremshand

Es wird nicht unterschieden zwischen der Sicherung des vorauskletternden Seilersten und der des nachkommenden Seilzweiten. Es wird
immer gleich verfahren!

Die **Selbstsicherung** erfolgt mit Karabiner und Mastwurf oder Sackstich direkt am Fixpunkt, bei mehreren Fixpunkten am sichersten.

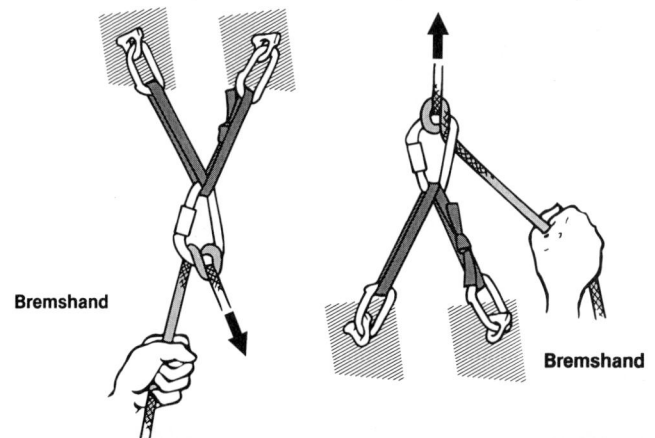

Bremshand

Bremshand

Kameradensicherung mit HMS am Doppelseil/Zwillingsseil

Beide Seile (2 x 8 mm oder 2 x 9 mm) werden zur Sicherung **parallel** geführt, d.h. wie ein einziges Seil gehandhabt, und zwar:

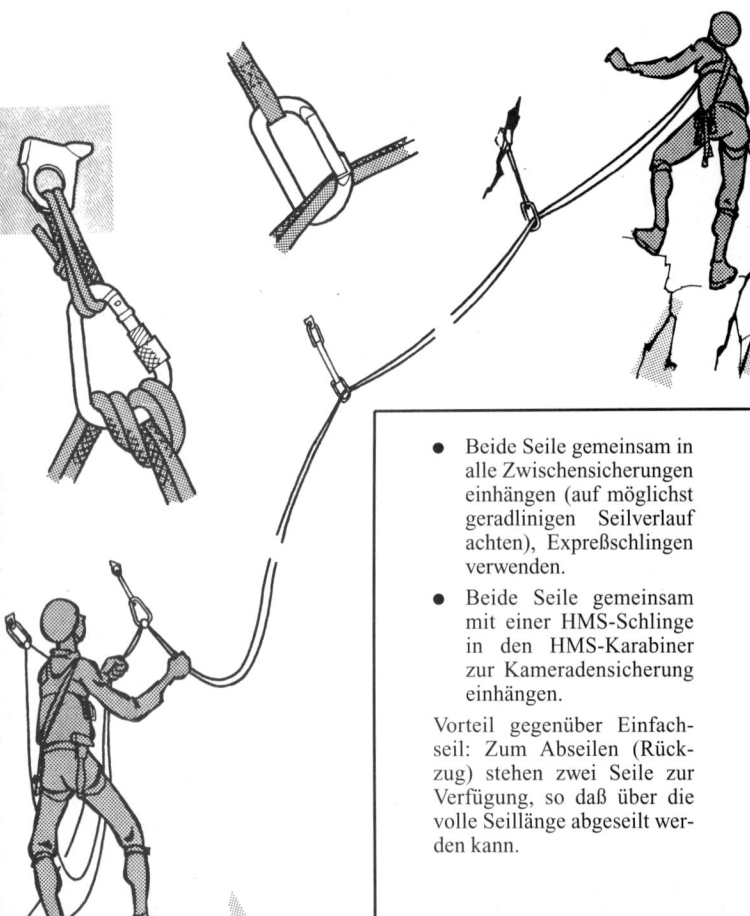

- Beide Seile gemeinsam in alle Zwischensicherungen einhängen (auf möglichst geradlinigen Seilverlauf achten), Expreßschlingen verwenden.

- Beide Seile gemeinsam mit einer HMS-Schlinge in den HMS-Karabiner zur Kameradensicherung einhängen.

Vorteil gegenüber Einfachseil: Zum Abseilen (Rückzug) stehen zwei Seile zur Verfügung, so daß über die volle Seillänge abgeseilt werden kann.

Weitere Sicherungsmethoden sind in Gebrauch, besitzen aber gegenüber der HMS **Nachteile**, im einzelnen wie folgt:

Achtersicherung

Als Sicherungsgerät wird ein Abseilachter verwendet. Handhabung
am Körper (in der Anseilschlinge des Hüftgurtes) mit allen **Nachteilen einer Körpersicherung:** Bei Sturzzugbelastung wird der
Sichernde aus dem Stand in die Wirkungslinie des Sturzzuges gerissen; bei Sturzzug nach unten (auch Sicherung des Nachsteigers) und
bei seitlichem Sturzzug kann der Sichernde unliebsamen Felskontakt
erfahren und dadurch **reflexbedingt das Seil auslassen**, was einen
Sturz über die volle restliche Seillänge zur Folge hat (zahlreiche
Unfälle). Nur bei Sturzzugrichtung **nach oben** (Sicherung am Ein-
stieg) empfehlenswert und nur bei genügend Zwischensicherungen
und kleinen Sturzhöhen. Andernfalls wird auch in diesem Fall der
Sichernde aus dem Stand gerissen, und zwar nach oben. Vorsicht
unter Dächern, Selbstsicherung nach unten benutzen.

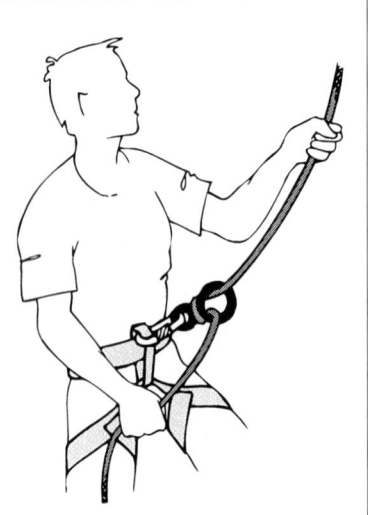

**Also nur geeignet im Sport-
kletterbereich** = Sturzzugrichtung nach oben, kleine Sturzhöhen (kurze „run-outs"), mehrere gute Zwischensicherungen
(solide, normgerechte Bohrhaken), andernfalls zu großer Seildurchlauf mit Handverbrennungen des Sichernden.

Bei Sturzzugrichtung nach
unten ist die **Bremskraft zu
niedrig**, d.h. großer Seildurchlauf mit Verbrennungen an der
Bremshand und unnötig große
Sturzstreckenverlängerung für
den Stürzenden.

Stichtnachbauten

Aus den angelsächsischen Ländern kommen diverse Nachbau-
ten der Stichtsicherung (Sticht-

Stichtnachbauten

platte), so z.B. VC, ATC, SRC, Raptor, Tuber.

Diese Sicherungsgeräte haben alle Nachteile der Stichtsicherung: Handhabung **nur** am Körper (mit allen Nachteilen einer Körpersicherung, siehe oben) und teils bei Sturzzugrichtung nach unten **keine** ausreichende Bremskraft. Zudem eignen sich die meisten dieser Geräte nur für Einfachseil (nicht für Zwillingsseil); wie die Achtersicherung nur für den **Sportkletterbereich**.

Sicherung mit Grigri
Siehe Seite 189.

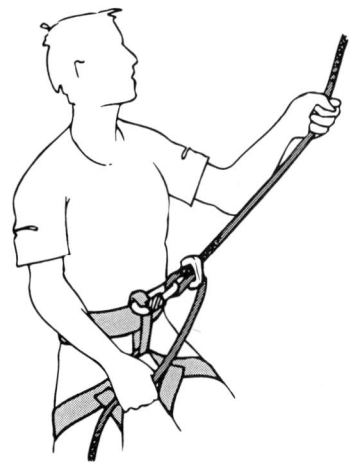

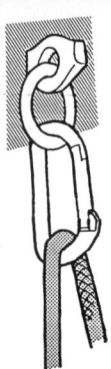
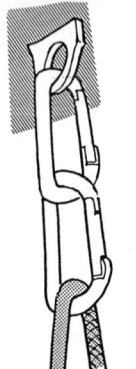
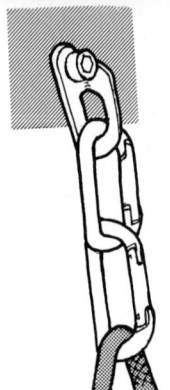

Umlenkung so
plazieren, daß
das Seil mög-
lichst wenig
Reibung erfährt
(Seilschädigung)

Topropesicherung

Sie dient zur Sicherung im Klettergarten, maximale Kletterhöhe =
halbe Seillänge; deshalb auch schon 60 - 80 m lange Seile (auch die
Verbindung zweier kürzerer Seile ist möglich). Der Kletternde wird
von einem Seilpartner am Boden über einen **Umlenkfixpunkt** (Haken,
Baum, Sanduhr, usw.) gesichert.

**Für die Seilauflage am Umlenkfixpunkt muß ein Karabiner verwen-
det werden**, der rechtwinklig zum Fels hängen soll. Nur so läßt sich das
Seil am leichtesten bedienen, nur so wird es am wenigsten strapaziert
(Felsreibung). **Achtung! Keinesfalls eine Reepschnur als Seilauflage
bzw. zur Umlenkung verwenden**. Beim Ablassen tritt **Schmelzverbrennung auf**, die schon nach wenigen Ablaßmetern zum Bruch führt.

Die Sicherung erfolgt mit HMS oder Abseilachter **am Körper**, am
bequemsten an der Anseilschlaufe des Hüftgurtes. Die Körpersicherung ist in dieser Situation vertretbar, da **keine freie Fallhöhe** auftritt
und der Umlenkfixpunkt aufgrund der starken Seilumlenkung **Reibung** erzeugt und so die geringe Fallenergie (Seildehnung) aufnimmt.
Beim Sichern auf folgendes achten:

● **Der Sichernde soll nicht wesentlich leichter sein als der Kletternde** (Unterschied maximal 10 kg), andernfalls kann es den
Sichernden in die Höhe lupfen (Gefahr des Seilauslassens).

● **Der Sichernde soll sich nicht allzu weit von der Fallinie des
Umlenkpunktes entfernen** (Winkel zwischen den beiden Seilsträn-
gen am Umlenkfixpunkt nicht wesentlich größer als 30°); andernfalls
kann es ihn in Richtung Wand lupfen (Gefahr des Seilauslassens).

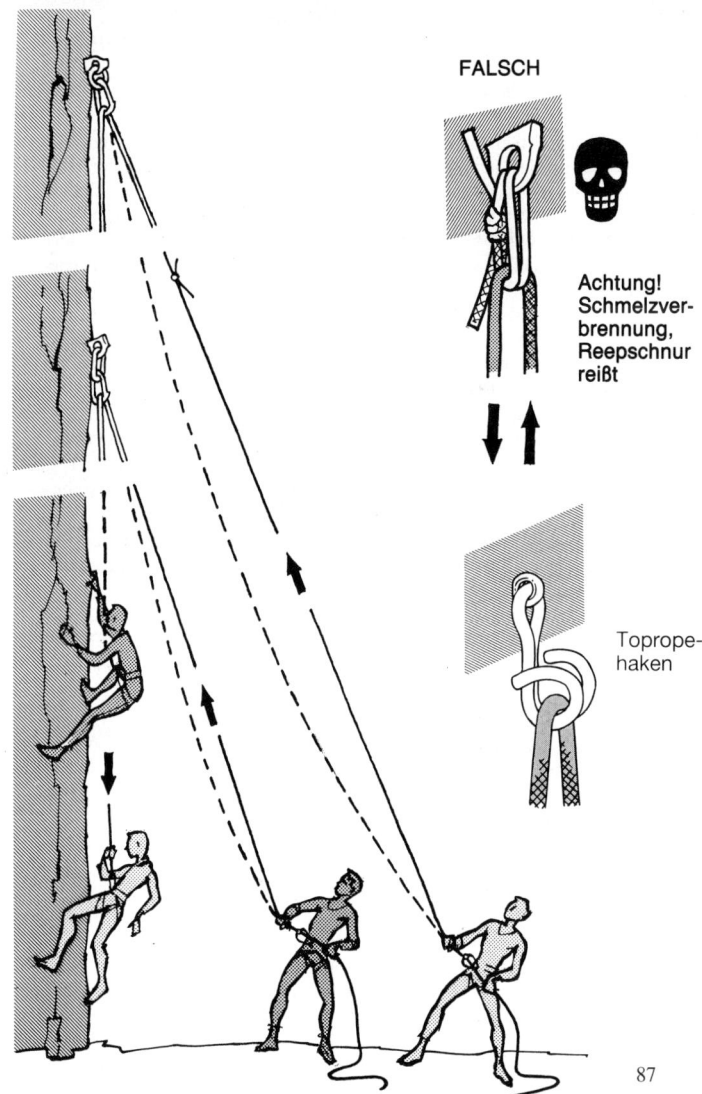

FALSCH

Achtung!
Schmelzver-
brennung,
Reepschnur
reißt

Toprope-
haken

87

Selbstsicherung beim Klettern am fixierten Seil

Sie dient zur Sicherung beim Klettern an kleineren Felswänden (Klettergarten), maximale Höhe = Seillänge.

Das Seil wird oben **sicher befestigt** (Haken, Sanduhr, Baum usw.) und soll **nicht** über scharfe Felskanten laufen. Dort, wo es am Boden aufliegt, wird es mit einem kleinen Gewicht (etwa 1 bis 2 kg, kleiner Rucksack, starker Baumast usw.) beschwert. Dies erleichtert das Verschieben der Seilklemme am Seil.

Der Kletterer sichert sich mit einer Seilklemme am Anseilgurt. Auf vertikalen Sitz der Seilklemme am senkrechten Seil achten. Um dies zu erreichen, kann die Seilklemme zusätzlich mit einer Reepschnur- oder Bandschlinge am Brustgurt (oder auch um den Hals) fixiert werden. Da es durch Versagen der Seilklemme zu zahlreichen Unfällen gekommen ist, empfiehlt sich die Verwendung von zwei Klemmen, übereinander angeordnet (Redundanz).

Nach dem Einhängen des Seiles muß die Sperre geschlossen werden (bei den meisten Seilklemmen erfolgt dies selbsttätig, Federmechanismus).

Vor Kletterbeginn System durch kleinen Rutscher ins Seil über **sicherem Boden erproben**!

Beim Aufwärtsklettern schiebt sich die Seilklemme am Seil höher. Bei einem Sturz blockiert sie. **Achtung**! Freie Fallhöhe vermeiden, mögliche Bruchgefahr des Seilmantels.

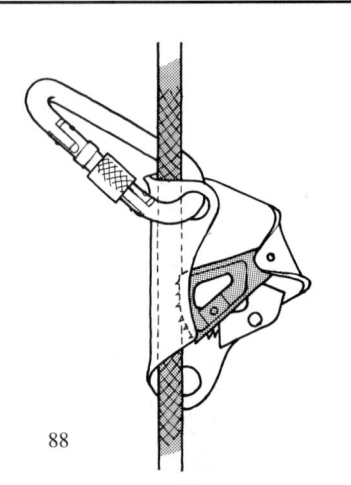

88

Geringes Gewicht
zum Beschweren
des Seiles

Fortbewegung der Seilschaft im Fels

Sind Felskletterer mit dem Seil zur Seilschaft verbunden, soll nur nach den Regeln einwandfreier Seilsicherung gegangen werden. Gleichzeitiges Gehen am Seil bietet **keine** Sicherung, es beinhaltet immer die Gefahr des **Absturzes der ganzen Seilschaft**. Stürzt ein Seilpartner, reißt er den anderen mit. Das Seil überträgt **nur** die Belastung vom einen Seilende auf das andere.

Zweierseilschaft

Es klettert immer nur **ein Seilpartner**, während er vom selbstgesicherten anderen mit der **Kameradensicherung gesichert** wird.

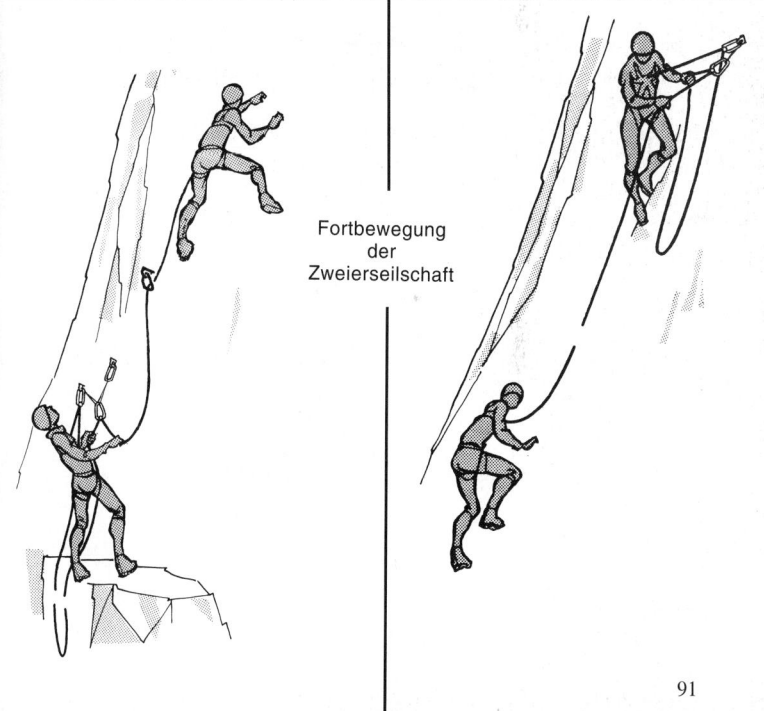

Fortbewegung
der
Zweierseilschaft

Dreierseilschaft

Es klettert immer nur **ein Seilschaftsteil**, entweder der Seilerste oder die beiden Nachsteiger.

Der Seilerste wird **nur von einem der beiden Nachsteiger** am Doppelseil (2 x 9 mm, Halbseile!) **gesichert** (sichern beide an je einem Seil, wird die Sicherungskette im Sturzfall doppelt so hoch belastet). Der Seilerste hängt das Doppelseil in alle Zwischensicherungen ein.

Am Standplatz angekommen, sichert er die beiden gleichzeitig Nachsteigenden nach, die in kurzem Abstand voneinander so klettern, daß sie sich gegenseitig nicht behindern. **Achtung**! Bei Sturz des ersten Nachsteigers **dehnt sich das Seil um etwa 10%**. Deshalb Abstand voneinander halten, zu Beginn des Nachstiegs mindestens 5 m, später weniger; bei Schlappseil (unaufmerksame Sicherung) entsprechend mehr.

Aushängen der Seile wie folgt: Der erste der beide Nachsteiger hängt

- bei senkrechtem oder annähernd senkrechtem Seilverlauf **beide Seile** aus,
- bei diagonalem oder waagrechtem Seilverlauf (Pendelsturz) hängt er **nur sein Seil** aus.

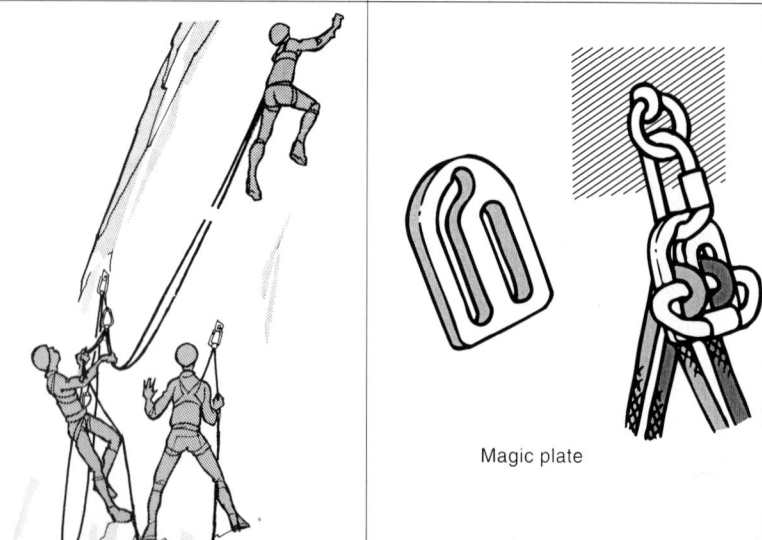

Magic plate

Einzelheiten
links unten

93

Bremsreserve

Beim Sichern des Vorsteigers muß der Seilzweite bzw. der Sichernde der Dreierseilschaft auf die **Bremsreserve von etwa 5 m achten**, die notwendig ist, um einen größeren Sturz dynamisch abzufangen.

Muß zum Erreichen des nächsten Standplatzes auch die Bremsreserve ausgeklettert werden, ist zu Beginn der auszukletternden Bremsreserve **wenigstens eine zuverlässige Zwischensicherung anzubringen**. Auf diese Weise wird die Sturzhöhe reduziert, und die so reduzierte Fallenergie kann in Verbindung mit dem reduzierten Sturzfaktor (etwa 0,2) und der HMS statisch abgefangen werden, ohne daß die Sicherungskette zu stark belastet wird (die Belastung liegt unterhalb der HMS-Bremskraft).

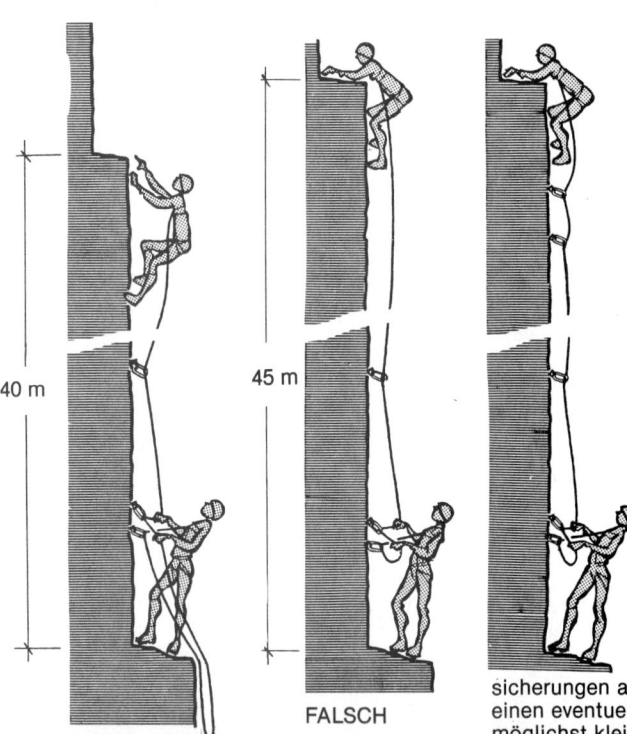

40 m

45 m

FALSCH

Muß zum Erreichen des Standplatzes die Seilreserve benutzt werden, dann einige Zwischensicherungen anbringen (um einen eventuellen Sturz möglichst klein zu halten)

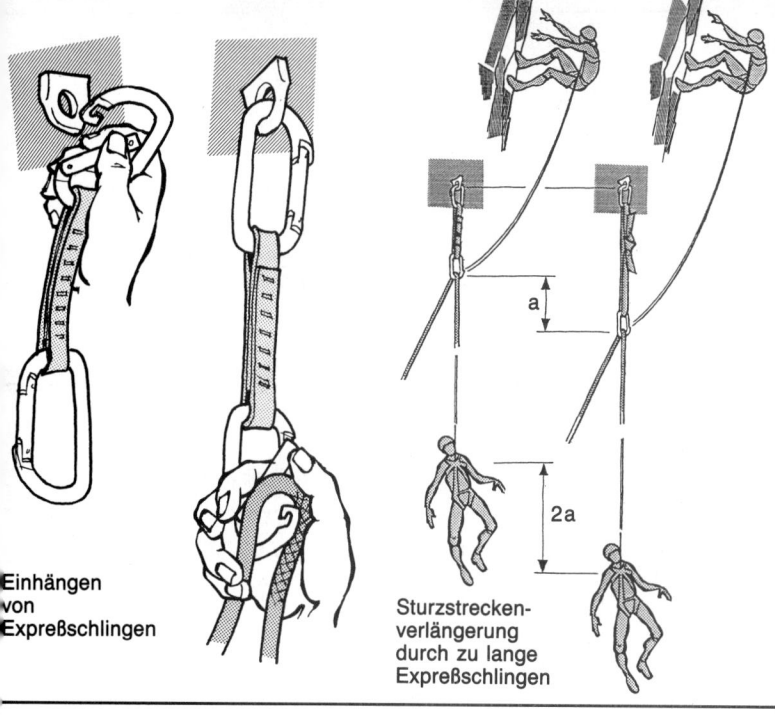

Einhängen von Expreßschlingen

Sturzstreckenverlängerung durch zu lange Expreßschlingen

Seilführung

Das Nachziehen des Seiles ist aufgrund seines Gewichtes und der Reibung, die es in Zwischensicherungen und an Felskanten erfährt, immer mit einem gewissen Kraftaufwand verbunden. Da stärkere Reibung dem Seil schadet, unnötige Kraft kostet und das Klettern erschwert, **soll das Seil bzw. Doppelseil/Zwillingsseil möglichst leicht durch alle Karabiner und um alle Felskanten gleiten**.

Die Seilreibung ist im Karabiner am geringsten, wenn der Karabiner ohne äußere Krafteinwirkung **rechtwinklig zum Fels hängt, mit seiner lichten Öffnung quer zum Seilverlauf**. Dies wird erreicht durch Verwendung von Expreßschlingen oder Reepschnur- bzw. Bandschlingen, die sozusagen als Kardangelenk dienen.

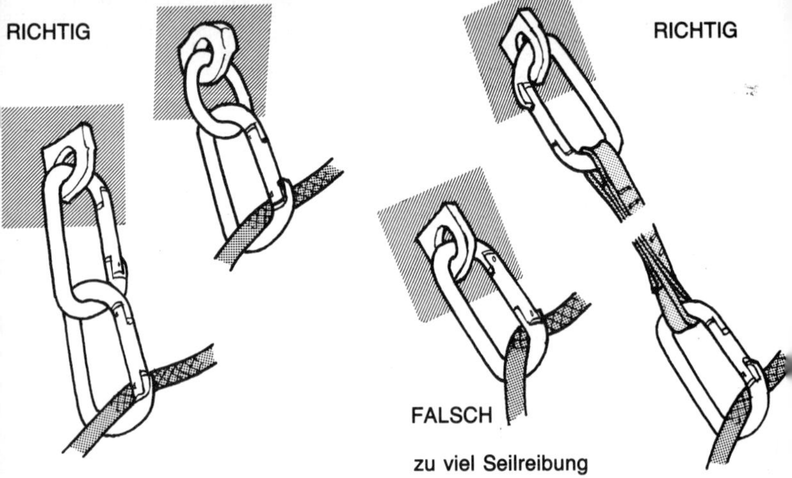

RICHTIG

RICHTIG

FALSCH

zu viel Seilreibung

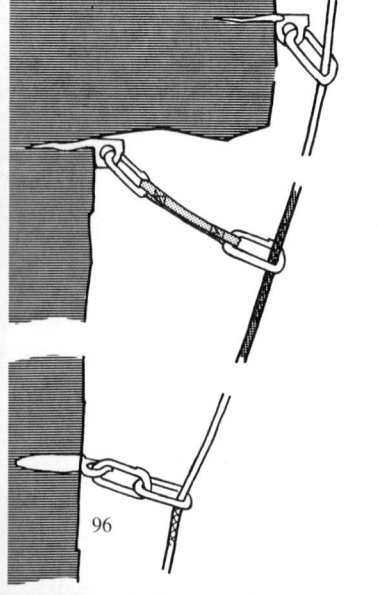

Karabiner am Fels durch Verwendung von Schlingen so plazieren, daß im Sturzfall

- keine Biegebelastung durch Felsauflage auftreten kann (sonst Bruchgefahr),
- der Schnapper sich am Fels nicht aufdrücken kann (sonst Bruchgefahr) und
- Seilauflage am Fels vermieden wird (sonst Seilblockierung, keine dynamische Sicherung möglich).

Der Seilverlauf innerhalb einer Seillänge soll möglichst **geradlinig** sein (jede Abweichung von der Geraden führt zu vermehrter Seilreibung). Deshalb ungünstig plazierte Zwischensicherungen **durch Expreßschlingen, Reepschnur-**

oder Bandschlingen verlängern.
Die Verlängerung führt im Sturzfall zu einer Vergrößerung der Sturzhöhe (siehe Seite 95). Deshalb die Verlängerung nur so groß wählen wie nötig:

- geradliniger Seilverlauf keine Verlängerung,
- wenig abgewinkelter Seilverlauf kurze Verlängerungsschlingen (etwa 10 bis 15 cm),
- nur an Stellen mit stärker abgewinkeltem Seilverlauf längere Schlingen verwenden.

Notfalls nach der nächsten eingehängten Zwischensicherung zurückklettern und Seilreibung verringern. Bei künstlicher Kletterei (Hakenklettern) können einzelne Fortbewegungshaken (am besten die unsicher erscheinenden) nach Überwindung durch zwischenzeitliches Ablassen ausgehängt werden.

Schlingen an Felsköpfeln heben sich bei Seilführung nach oben ab. Mit der **Zugschlinge** wird dies vermieden.

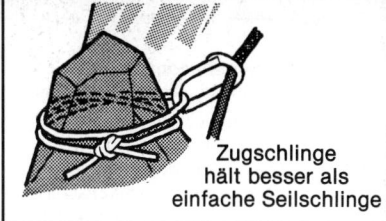

Zugschlinge hält besser als einfache Seilschlinge

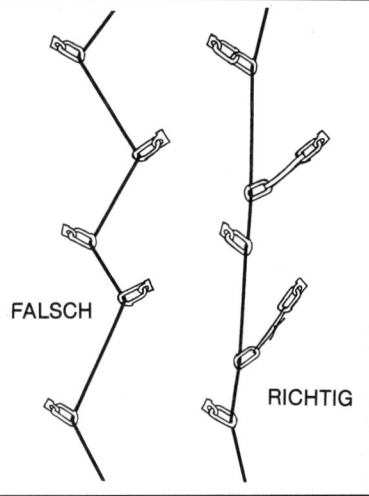

FALSCH

RICHTIG

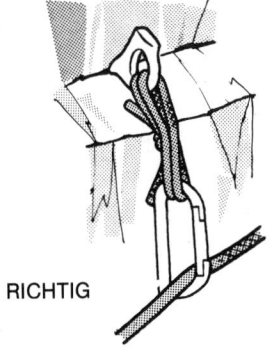

RICHTIG

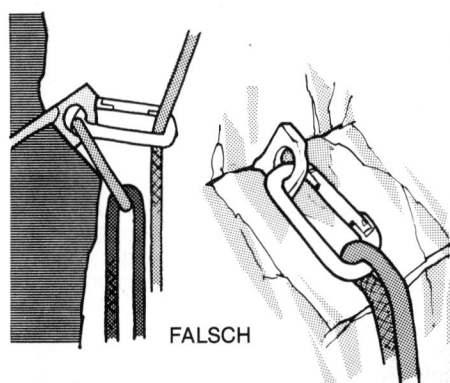

FALSCH

Seilkommandos

Sie sollen kurz und klar gegeben werden. Verneinende Kommandos vermeiden, z.B. „Nicht ziehen". Das erste Wort wird häufig vom Wind verschluckt oder vom Seilpartner während der ersten Aufmerksamkeitsphase überhört, und schon reagiert er falsch. Die Seilschaft verwendet deshalb **nur direkte** Kommandos.

Innerhalb einer Seillänge werden folgende Kommandos gebraucht:

- Der sichernde Seilzweite unterrichtet den vorauskletternden Seilersten gegen Ende der ausgekletterten Seillänge über die restlichen Seilmeter, z.B. **„noch 10 m, 5 m, aus"**, ohne die Bremsreserve (ca. 5 m) auszugeben.

- Der Seilerste sucht sich mit den noch verbleibenden Metern einen Standplatz und bringt seine Selbstsicherung an. Erst dann unterrichtet er seinen Seilzweiten davon durch Zuruf **„Stand"**.

- Daraufhin gibt der Seilzweite die Gefährtensicherung auf, und der Seilerste zieht die restlichen Seilmeter ein. Ist das Seil aus, unterrichtet ihn der Seilzweite durch das Kommando **„Seil aus"**.

- Der Seilerste nimmt daraufhin das Seil in die Gefährtensicherung und teilt dies seinem Seilzweiten durch Zuruf **„Nachkommen"** mit. Der Seilzweite löst seine Selbstsicherung und beginnt mit dem Nachklettern.

Bei notwendigem Seilzug während des Kletterns ertönt das Kommando **„Zug"** oder **„Spritze"**, bei Zugende das Kommando **„Seil nach"** oder **„okay"**. Hängt das Seil durch, ertönt der Zuruf **„Seil ein"**. Bei etwas Mitdenken kann man das Seilkommando, das kommen wird, bereits erahnen und das Kommando dann als Bestätigung werten. Dadurch wird eine bessere Kommunikation erreicht.

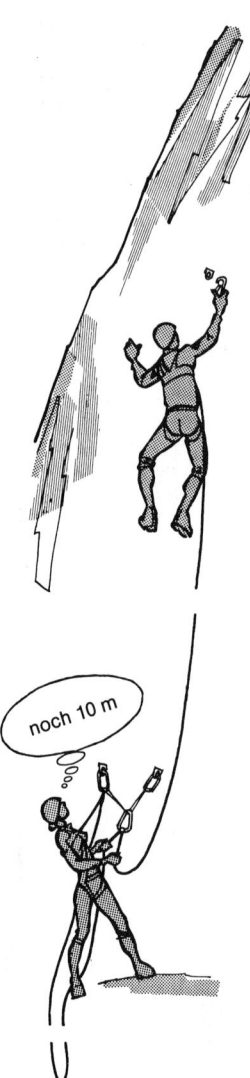

noch 10 m

99

Standplatzwahl und Standplatzwechsel

Ist ein günstiger Standplatz mit den letzten Seilmetern nicht zu finden, muß zu einem solchen **zurückgeklettert** werden. Ist auch dies nicht möglich, so muß schlechter Stand an abschüssigem Fels oder gar **Schlingenstand** bezogen werden. Schon zu Beginn einer Seillänge versuchen, einen möglichen nächsten Standplatz auszumachen. Gelegentlich muß auch bereits nach 20 oder weniger Metern Stand bezogen werden, um so einen wenig sicheren Stand an unsicheren Haken oder einen wenig komfortablen Stand in Schlingen zu vermeiden.

Führt ein Seilpartner mehrere Seillängen hintereinander (wird nicht überschlagend geklettert), muß **Standplatzwechsel** erfolgen. Dies darf nur so geschehen, daß **jeder jederzeit gesichert oder selbstgesichert ist**. Ablauf wie folgt:

- Am Standplatz angekommen, **legt der Seilzweite** seine Selbstsicherung an, während er noch vom Seilersten gesichert wird.

- Sodann erst wird die **Gefährtensicherung des Seilzweiten gelöst**.

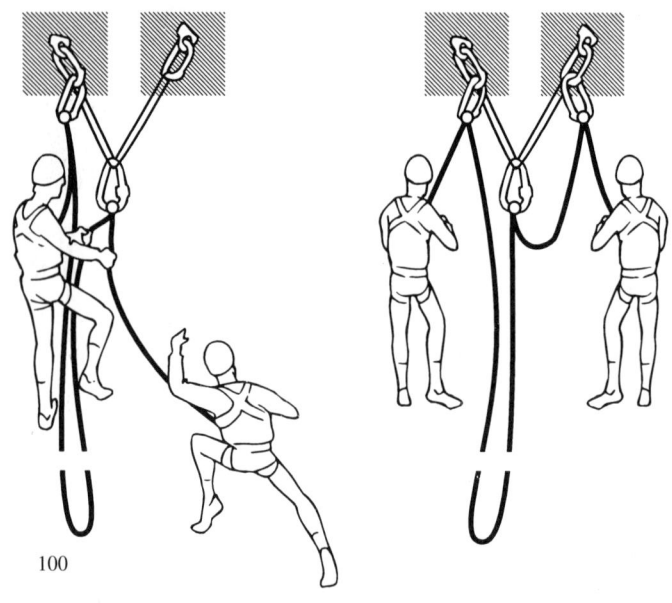

- Der Seilzweite übernimmt die **Gefährtensicherung des Seilersten**.
- Erst **danach löst der Seilerste seine Selbstsicherung** und
  beginnt mit dem weiteren Aufstieg.

Wird **überschlagend** geklettert, ist kein Wechsel am Standplatz erforderlich. Der Seilzweite klettert am Seilersten vorbei und übernimmt
so die Führung. An der Gefährtensicherung wird nichts geändert. Sie
erfolgt nahtlos.

Sind überschlagendes Klettern und Standplatzwechsel aufgrund der
Eigenart des Standplatzes an diesem nicht ratsam, bezieht der
Seilzweite Stand an irgendeinem günstigen Platz innerhalb der Seil-
länge, und der Seilerste führt auch die nächste Seillänge.

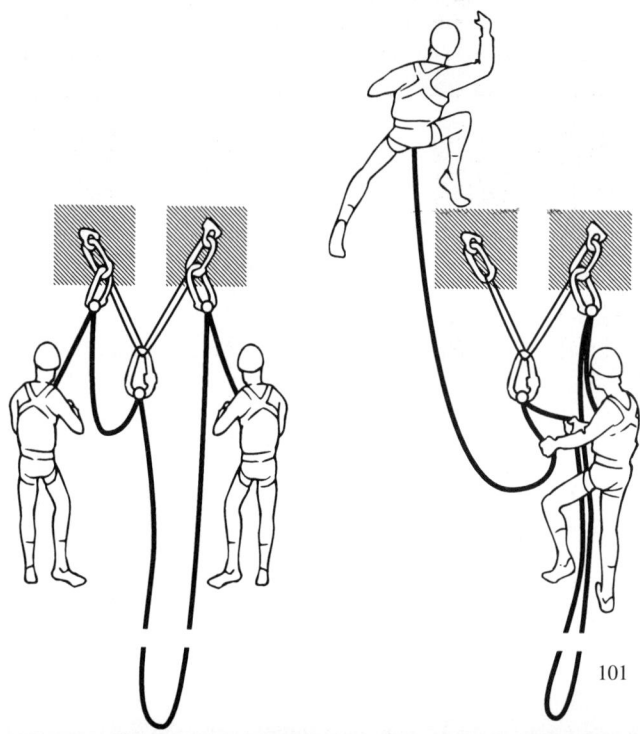

Freiklettern

Klettern ohne Benutzung künstlicher Hilfsmittel zur Fortbewegung. Als Griff und Tritt dient **nur der Fels** in seiner mannigfaltigen Form. Haken, Klemmkeile usw. werden **nur zur Sicherung** verwendet.

Der Freikletterei (sächsisch/amerikanische Prägung) wird heute besondere Bedeutung beigemessen. Im stilreinen Freiklettern wird das besondere Erlebnis gesucht. Bevor jedoch ernstlich ein Sturz mit all seinen Unwägbarkeiten im alpinen Gelände gewagt wird, ist es sicher ratsamer, den einen oder anderen Haken, Klemmkeil usw. zur Fortbewegung und/oder zum Ausruhen zu verwenden.

Die unterschiedliche Felsgliederung macht eine der jeweiligen Felsform angepaßte Klettertechnik erforderlich. Es wird unterschieden zwischen:

- Rißklettern (Finger-, Hand-, Faust- und Schulterrißklettern)
- Kaminklettern (Stemmkamin, Spreizkamin)
- Verschneidungsklettern
- Wandklettern
- Plattenklettern
- Piaztechnik (Hangeln)
- Spreiztechnik

Der Fels mit seiner unterschiedlichen Struktur verlangt einen häufigen Wechsel zwischen den verschiedenen Freiklettertechniken.

Keine Kletterei kann in einer dauernden Folge von Klimmzügen bewältigt werden. Arme und Hände sind naturbedingt schwächer als Füße und Beine. Deshalb soll das Körpergewicht größtenteils auf den Beinen ruhen, die Arme sollen mehr zur Gleichgewichterhaltung dienen. Nur an schwierigeren Passagen, wo die Unterstützung durch die Beine weniger möglich ist, müssen die Arme einen größeren Teil der Kraftanstrengung übernehmen.

Zur sicheren Haltung des Gleichgewichts ist es ratsam, drei Extremitäten am Fels zu haben, entweder beide Füße und eine Hand oder beide Hände und einen Fuß, während man mit der anderen Hand bzw. dem anderen Fuß einen weiteren Tritt bzw. Griff suchen oder auf Festigkeit prüfen kann (Drei-Punkte-Regel). Dabei kann es an schwierigen Kletterstellen notwendig werden, daß die Hauptlast von nur zwei Extremitäten, in der Regel eine Hand und ein Fuß, übernommen werden muß, während man sich mit einem Fuß bzw. einer Hand nur etwas abstützen kann.

Rißklettern (oben) und Spreizen (unten).

Piazen (auch Gegendrucktechnik, oben) und Wandklettern (unten).

Abdrängende Wandkletterei (oben) und Kaminkletterei (unten).

Standplatzwechsel (oben) und Queren in einer Traverse (unten).

Künstliches Klettern
(Anwendung des Seiles zur Fortbewegung)

Ist bei einer dem Kletterkönnen nach richtig gewählten Felsroute ein Fortkommen durch freies Klettern nicht mehr möglich, so muß zu künstlichen Hilfsmitteln gegriffen werden, will man nicht umkehren. Der Felsgeher klettert dann nicht frei (auch wenn er nur Haken anfaßt), er klettert künstlich oder hakentechnisch.

Auch in Ausnahmesituationen (Verletzung, Zeitdruck, Wettersturz usw.) werden künstliche Hilfsmittel in der Regel als Fortbewegungshilfen eingesetzt.

Der Freikletterei wird heute besondere Bedeutung und besonderer Erlebnisgehalt beigemessen. Doch auch die Überwindung großer Überhänge und Dächer mit künstlichen Hilfsmitteln, das Erlebnis der „Luft", ist durchaus beeindruckend und erregend. Nach gemäßigten Gesichtspunkten bietet eine Kombination von überwiegend freier und auf wenige Stellen beschränkter, künstlicher Kletterei (bevor die Sturzgrenze überschritten wird) die vielleicht meiste Freude am alpinen Klettern.

Auch für das künstliche Klettern gilt: Alle Extremitäten möglichst ökonomisch einsetzen, um ein zu frühes, einseitiges Ermüden zu vermeiden. Folglich auch im Steilfels möglichst oft den Hauptteil des Körpergewichts auf die Füße verlagern. Da der Mensch seit Menschengedenken einen aufrechten Gang zu nehmen pflegt, sind Füße und Beine stärker ausgebildet als Hände und Arme. Letztere ermüden schneller als erstere.

Die Benutzung von Seilhilfe zur Bewältigung von Quergängen (Seilzugquergang, Seilquergang, Pendelquergang) zählt mit zum künstlichen Klettern (auch wenn der übrige Teil einer Route absolut frei bewältigt wird).

◄

Künstliche Kletterei in der Hasse/Brandler-Route (Direttissima) an der Nordwand der Großen Zinne (Dolomiten). Auch diese Route wurde inzwischen schon frei geklettert (Schwierigkeitsgrad VIII).

Selbstzug

Sich am Haken festzuhalten, kostet Kraft. Leichter geht es mit dem **Selbstzug**. Nachdem das Seil im Karabiner des Hakens eingehängt ist, **zieht** sich der Kletterer durch Zug am Seilstrang, der zum Gefährten führt, zum Karabiner empor. So läßt sich auch mit einer Hand relativ leicht an einem Haken hängen und mit der anderen nach einem Griff suchen. Je höher sich der Kletterer gegenüber dem Haken befindet, desto ungünstiger wird dieser belastet (Zug nach außen). Die Benutzung von Trittleitern setzt diese Gefahr herab.

Der Seilzweite gibt sich ebenso Selbstzug. Es gelten die gleichen Voraussetzungen. Das Seil, an dem der Selbstzug erfolgt, führt zum Gefährten nach oben.

Zum Ausruhen am Haken kann man eine Expreßschlinge benutzen, die in den Haken und in den Hüftgurt eingehängt wird.

Trittleiterklettern

In den allermeisten Routen reicht eine Trittleiter in Verbindung mit der Selbstzugtechnik. Wird keine Trittleiter mitgeführt, kann eine zur Trittschlinge geknüpfte Band- oder Reepschnurschlinge weiterhelfen (Befestigung im Haken mittels Karabiner).

- Der **Seilerste** hängt den Fiffi-Haken in den Karabiner des Hakens. So läßt er sich beim Weiterklettern am leichtesten nachziehen. Wenige Zentimeter an Höhe gewinnt man, hängt man den Fiffi-Haken in die Hakenöse, wo er sich aber beim Nachziehen verklemmen kann.

- Der **Seilzweite** hängt den Fiffi-Haken immer in die Hakenöse. Oft ist es dann schwierig, den Karabiner aus der Hakenöse auszuhängen. Abhilfe bietet nur das Aushängen des Karabiners vor dem Einhängen des Fiffi-Hakens.

Sicherer Stand in der Trittleiter am besten auf dem **Mittelfuß.**

Seilzugquergang mit Einfachseil

Kürzere, griff- und trittlose Quergangspassagen, für deren Bewältigung das Anbringen eines Quergangsseiles zu umständlich erscheint,
werden mit Hilfe von **Seilzug** überwunden.

- Der **Seilerste** erhält während des Querens auf Zuruf Seilzug vom
  sichernden Seilzweiten. Er stemmt sich mit den Füßen auf Reibung gegen die Seilzugrichtung und versucht unter möglichst
  geringem Höhenverlust seitliche Griffe und Tritte und damit wieder frei kletterbares Gelände zu erreichen.

- Der **Seilzweite** muß eine entsprechend lange, durch den Haken
  gefädelte Reepschnur verwenden, die nach Überwindung der
  Quergangspassage abgezogen wird.

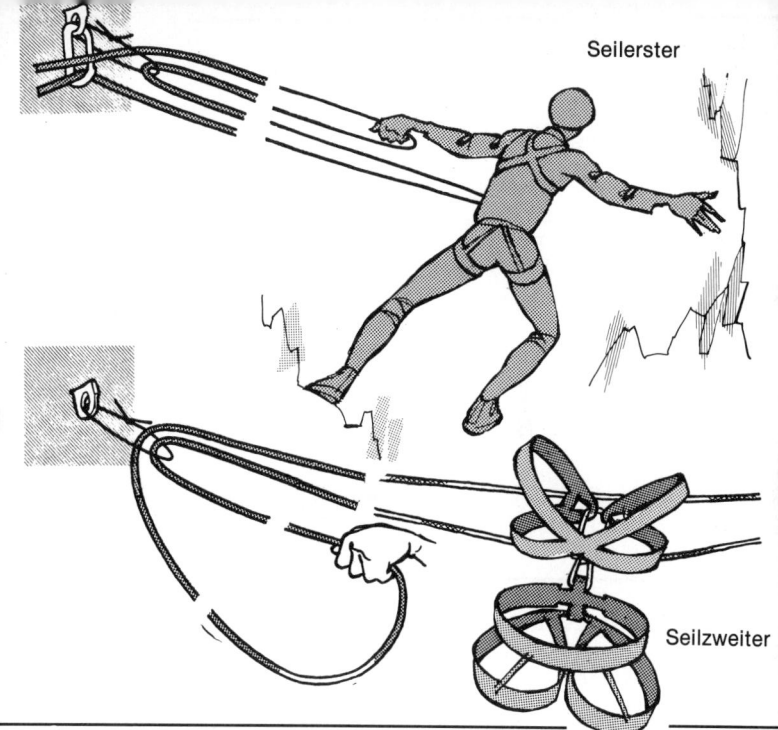

Seilerster

Seilzweiter

Seilzugquergang mit Zwillingsseil

Bei Doppel- oder Zwillingsseil geben sich **Seilerster und Seilzweiter** den **Seilzug selbst**. Der Querende kann so besser das Gleichgewicht in der griff- und trittarmen Quergangspassage halten.

- Der **Seilerste** verwendet dazu eines der beiden Seile, während er mit dem anderen vom Seilzweiten gesichert wird.

- Der **Seilzweite** benutzt eines der beiden Seile in einer entsprechend langen Seilschlaufe. Ist die Hakenöse nicht groß genug, um die Seilschlaufe später abziehen zu können, muß eine kurze Reepschnurschlinge geknüpft werden. Mit dem anderen Seil wird er vom Seilersten gesichert.

- Nach der Querung wird die Seilschlaufe abgezogen; die Reepschnurschlinge bleibt zurück.

Seilquergang und Geländerseil

Ist ein nicht mehr frei kletterbarer Quergang so lang, daß er mit Seilzug bzw. Selbstzug nicht mehr zu überwinden ist, so wird der Seilquergang angewendet. Hierfür ist ein **zweites Seil**, das dem **Seilersten zum Schrägabseilen** und dem **Seilzweiten als Geländerseil** dient, erforderlich.

● Am Beginn des Quergangs wird ein sicherer Haken möglichst hoch angebracht. Zum besseren Seilabziehen (wie beim Abseilen) muß eine kurze Reepschnurschlinge eingeknüpft werden. **Der Seilerste seilt mit Abseilachter schräg in Quergangsrichtung ab**.

● Der **Seilerste** stemmt sich während des schrägen Abseilens mit den Füßen, Reibungstritte nutzend, in Quergangsrichtung, gegen den Seilzug. Dabei bedienen die Hände das Abseilseil wie beim Abseilen. Mit der Hand in Quergangsrichtung versucht sich der Seilerste an Griffen hinüberzuziehen. Um beide Hände kurzzeitig zum besseren Hinüberziehen frei zu haben, empfiehlt es sich, mit **Selbstsicherung durch Kurzprusik**, wie auf Seite 127 gezeigt, abzuseilen. Am schwierigsten sind Seilquergänge, die bei wenig

Gefälle relativ lang sind und steilen, glatten Fels aufweisen. Gut ausgeprägter Gleichgewichtssinn erleichtert das „Hinüberseilen".

- **Die Sicherung erfolgt durch Einhängen des Sicherungsseiles in die Zwischenhaken des Quergangs**; wichtig ist, daß das Sicherungsseil nicht über, sondern unter dem Quergangsseil eingehängt wird.

Der Seilzweite folgt am fixierten Quergangsseil. Der Seilerste befestigt dazu beide Seilstränge des Quergangsseiles an einem sicheren Haken mit dem Mastwurf möglichst straff.

- Der **Seilzweite** hangelt am Geländerseil, alle Karabiner aus den Zwischensicherungen aushängend, hinüber.

Sicherung des Seilzweiten durch einen am Geländerseil mitlaufenden Karabiner (Schlinge nicht zu kurz wählen).

Geht die Seilschaft am Doppelseil/Zwillingsseil, so muß sie sich aus einem der beiden Seile ausbinden, das als Quergangsseil dient.

Achtung! Seilquergänge sind immer nur in Aufstiegsrichtung nicht in Abstiegsrichtung begehbar!

Pendelquergang

Sind griff- und trittlose Quergangspassagen senkrecht, so daß ein Seilquergang nicht möglich ist, wird der **Pendelquergang** angewandt (zweites Seil erforderlich). Ein möglichst hoch plazierter **Pendelhaken** ist wichtig, je höher, desto leichter das Pendeln und desto größer die Pendelstrecke. Reepschnurschlinge im Pendelhaken zum Seilabziehen (wie beim Seilquergang) notwendig.

Das Pendeln erfolgt mit **Abseilachter im Abseilsitz**. Um beide Hände zum leichteren Pendeln und Hinüberziehen frei zu haben, empfiehlt es sich, mit **Selbstsicherung durch Kurzprusik**, wie auf Seite 127 gezeigt, abzuseilen. **Sicherung** durch das Sicherungsseil über den Pendelhaken (wie beim Seilquergang) oder über einen zweiten Haken. **Vor Anwendung im alpinen Gelände und über größere Pendelstrecken unbedingt zuvor üben!**

Das Pendelmanöver läuft wie folgt ab:

● Der **Seilerste** seilt vom Pendelhaken ab bis in Höhe der durch Pendeln zu bewältigenden Stelle. Durch seitliches Abstoßen von der Wand beginnt das Pendeln. Mit jedem Pendelausschlag kann der Schwung und die Reichweite vergrößert werden.

116

- Befindet sich der Pendelnde beim maximalen Pendelausschlag zu hoch über der zu erreichenden Stelle, muß der Pendelvorgang entsprechend tiefer wiederholt werden. Erfolgt das Pendeln zu tief, muß der Pendelnde vom Sichernden zurückgezogen werden und der Pendelvorgang von neuem, etwas höher, begonnen werden.
- Der **Seilzweite** folgt auf gleiche Weise und hängt das Sicherungsseil am Pendelhaken aus. Der Seilerste kann beim Pendelvorgang helfen, indem er ihn am Sicherungsseil hinüberzieht.

Statt des Abseilens mit Abseilachter kann der Pendelnde auch vom Sichernden mit der **HMS über den Pendelhaken abgelassen** werden. Dies erspart Zeit, da nicht aus einem Seil ausgebunden werden muß. Außerdem ist so das Pendelmanöver auch mit nur einem Seil möglich. Das/die Seile sind dann Pendel- und Sicherungsseil zugleich. Hat auch der Seilzweite die Pendelstrecke bewältigt, **muß sich einer der beiden ausseilen**, damit das/die Seile abgezogen werden können.

Achtung! Pendelquergänge sind wie Seilquergänge immer nur in Aufstiegsrichtung nicht in Abstiegsrichtung möglich.

Sicherung auf Klettersteigen

Zur Sicherung wird eine sogenannte **Klettersteigbremse** verwendet. Sie begrenzt die Fangstoßbelastung bei Sturz durch das Durchrutschen des Seilstücks durch die Bremsvorrichtung (meist eine Lochplatte) auf ein körperverträgliches Maß. Zwei Typen sind gebräuchlich und genormt (EN), nur eine kann empfohlen werden (UIAA-Norm):

- **V-Form**: Nur **ein** Seilstrang darf eingehängt sein (andernfalls bei Sturzbelastung **kein** Seildurchlauf, dadurch zu hoher Fangstoß); umständliches Handling, weil der Strang, der nicht eingehängt ist, am Anseilgurt versorgt werden muß, und dies bei jedem Umhängen an einer Drahtseilverankerung, was sehr zeit- und nervenaufreibend ist.

- **Y-Form**: Beide Seilstränge **können und sollen** eingehängt sein (dadurch Redundanz, die Schwachstelle ist immer noch der Karabiner); wesentlich **einfacheres** Handling als mit der V-Form, da an einer Drahtseilverankerung beide Stränge nur umgehängt werden müssen. **Nur diese Y-Form ist empfehlenswert** (UIAA-Norm).

Der Notbehelf mit einem kurzen Reepschnurstück bedeutet immer Bruchgefahr der Reepschnur, der Notbehelf mit einer Bandschlinge oder einem Seilstück bedeutet immer einen hohen (über das körperverträgliche Maß hinausgehenden) Fangstoß, außerdem besteht dadurch erhöhte Bruchgefahr des Karabiners.

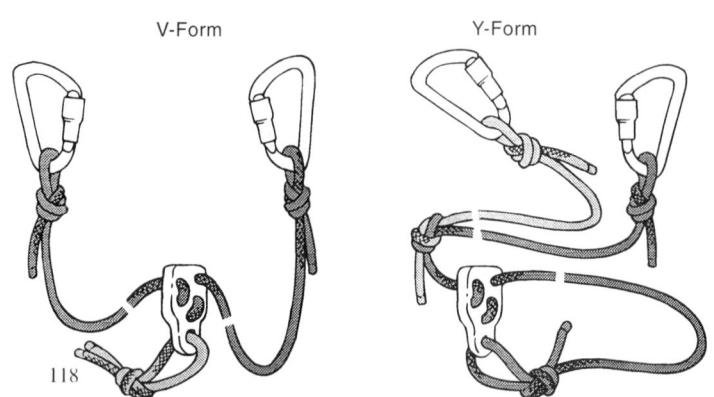

V-Form   Y-Form

Nach Norm (EN und UIAA) dürfen Klettersteigbremsen **nur gemeinsam mit dem vom Hersteller eingeschlauften Seilstück** angeboten und verkauft werden (andernfalls Gefahr zu hoher oder zu niedriger Bremskraft); Gebrauchsanleitung verlangen, in der dies vermerkt sein muß. Karabiner mit möglichst hoher Bruchkraft verwenden (= Schwachstelle, siehe oben).

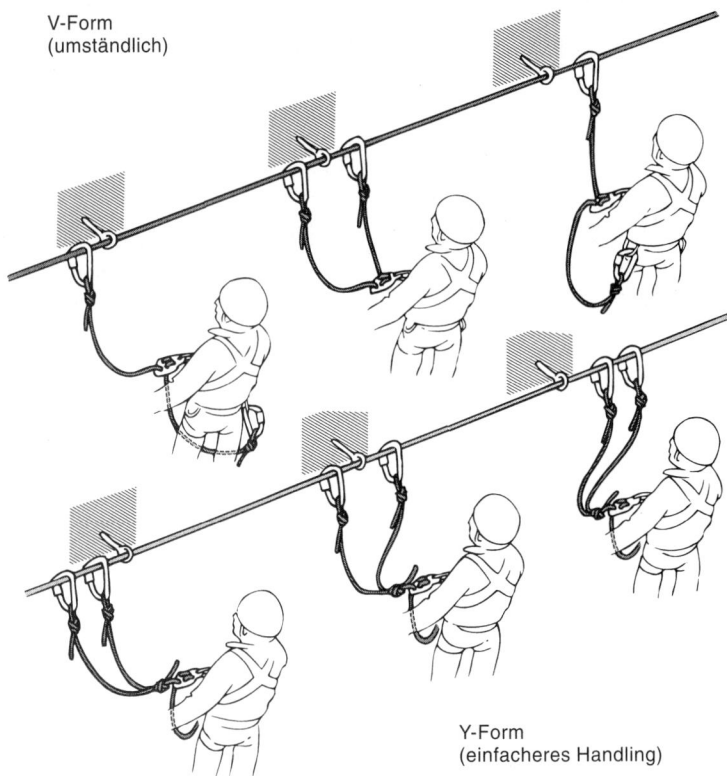

V-Form
(umständlich)

Y-Form
(einfacheres Handling)

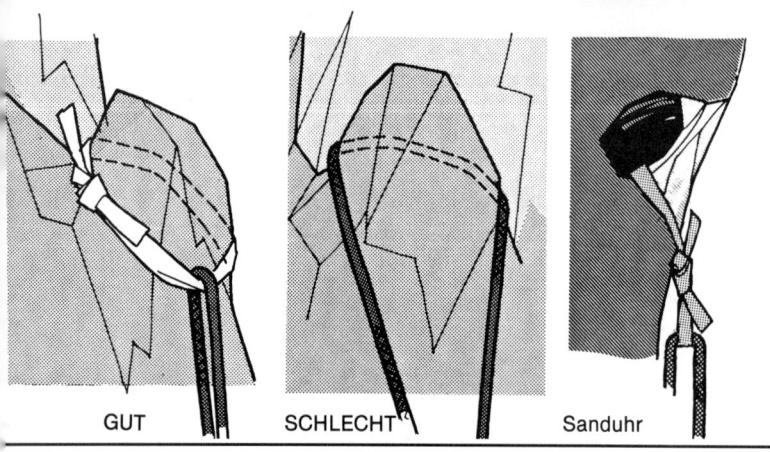

GUT   SCHLECHT   Sanduhr

Die Anwendung des Seiles zum Abseilen

Eine Abseilstelle erfordert immer einen **sicheren Abseilfixpunkt**. Belastung bis zum dreifachen Körpergewicht möglich. Als natürliche Abseilfixpunkte können dienen:

- Felsköpfel
- Sanduhren

Zuerst auf Festigkeit prüfen! Scharfe Felskanten mit dem Hammer runden. Reepschnurschlingen nicht unter 6 mm Ø, Bandschlingen nicht unter 20 mm Breite, andernfalls Schlinge doppelt verwenden. **Vorsicht bei vorgefundenen Abseilschlingen!** Aus Sicherheitsgründen müssen beschädigte ausgewechselt werden.

In Notfällen kann das Seil auch direkt um das Felsköpfel gelegt werden. Es läßt sich jedoch immer nur erheblich schwerer, manchmal auch gar nicht abziehen. In jedem Fall **schadet** es dem Seil!

Ist kein natürlicher Abseilfixpunkt vorhanden, muß ein solcher geschaffen werden. Dazu dienen:

- Felshaken (vorgefundene überprüfen; sie können sich durch Erosion gelockert und ihre ursprüngliche Festigkeit durch Korrosion verloren haben)
- Klemmkeile (möglichst mit dem Hammer etwas festklopfen)

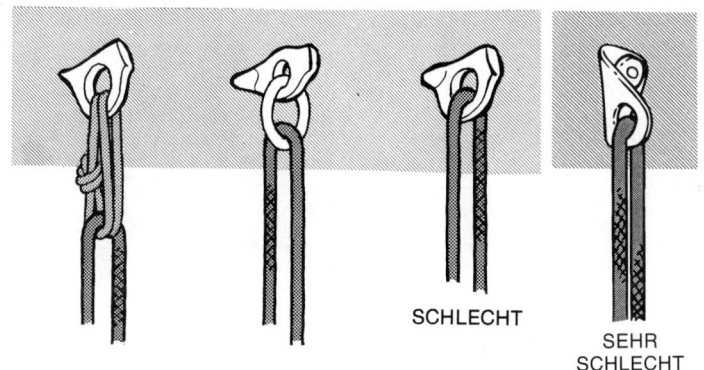

SCHLECHT

SEHR
SCHLECHT

Um das Seil nach dem Abseilvorgang besser abziehen zu können, wird die Hakenöse durch eine kurze Reepschnur- oder Bandschlinge „verlänger", notfalls läßt sich auch ein Karabiner opfern.

Reicht die Haltbarkeit eines Hakens oder Klemmkeils nicht aus, muß ein zweiter Fixpunkt geschaffen werden. Verbindung der beiden durch Reepschnur- oder Bandschlingen so, daß sie unter möglichst spitzem Winkel möglichst gleichmäßig belastet werden.

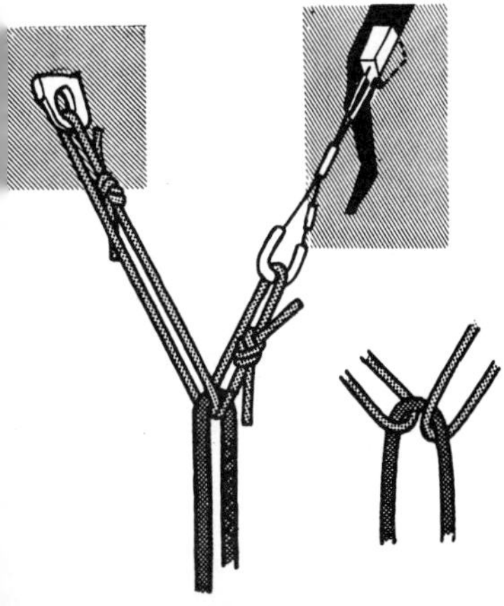

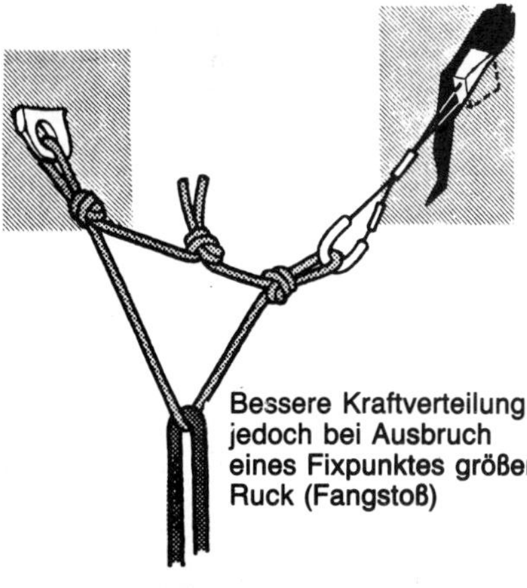

Bessere Kraftverteilung, jedoch bei Ausbruch eines Fixpunktes größerer Ruck (Fangstoß)

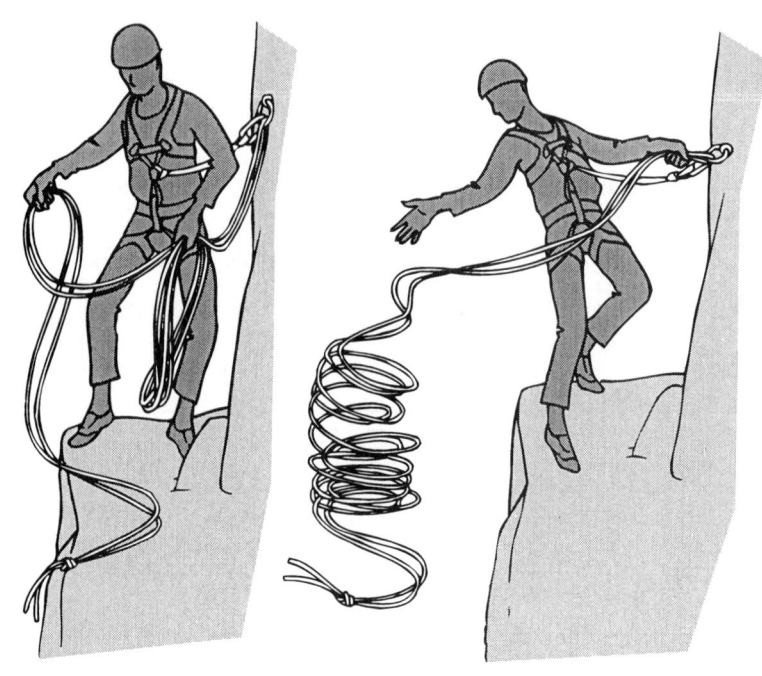

Das Seil wird durch die am Abseilfixpunkt/-punkten befestigte Abseilschlinge (gegebenenfalls durch den Hakenring) so weit durchgezogen, daß sich die **Seilmitte am Fixpunkt** befindet. Wird Doppelseil/Zwillingsseil verwendet, befindet sich der Knoten (Sackstich, an allen vier Strängen festziehen!) kurz unterhalb des Abseilfixpunktes. Die Seilenden werden ebenfalls mit dem Sackstich zusammengeknüpft oder (damit sich die Seile besser auskrangeln können) in jedem Seilende ein Knoten angebracht.

Das Seil wird sodann **von den Enden her in armlangen Schlingen aufgenommen, die letzten Schlingen** (die vor dem Abseilfixpunkt) **obenauf, und in hohem Bogen aus der Wand geworfen. Verhängt sich das Seil dabei, muß es wieder heraufgezogen und besser hinabgeworfen werden.**

Abseilen mit Abseilachter

Einfachstes und angenehmstes Abseilen. Die notwendige Seilreibung wird im Abseilachter und durch die Bremshand (Hand unterhalb des Abseilachters) erzeugt. Auch bei nassen Seilen von allen Abseilmethoden noch die beste.

Eine Schlinge des Abseilseiles wird durch die größere Öse des Abseilachters geführt und über die kleinere gelegt. Eine Hand dient als **Führungshand**, die andere als **Bremshand**. **Karabiner mit Verschlußsicherung** (z.B. Schraubkarabiner) verwenden, andernfalls zwei Karabiner spiegelbildlich zueinander einhängen.

Bei **gebogenen Abseilachtern** (siehe Seite 43) die unterschiedlichen Bremsstufen für Halb-/Zwillingsseile und Einfachseil benutzen.

Nach dem Abseilvorgang Abseilachter sofort aus dem Seil aushängen, da sehr heiß (Schädigung des Seiles, Perlon!), siehe Zeichnung.

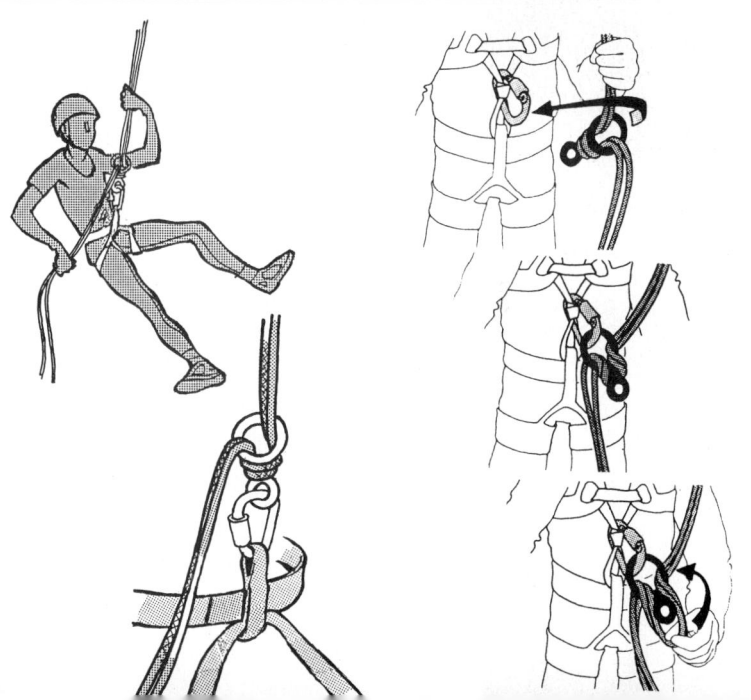

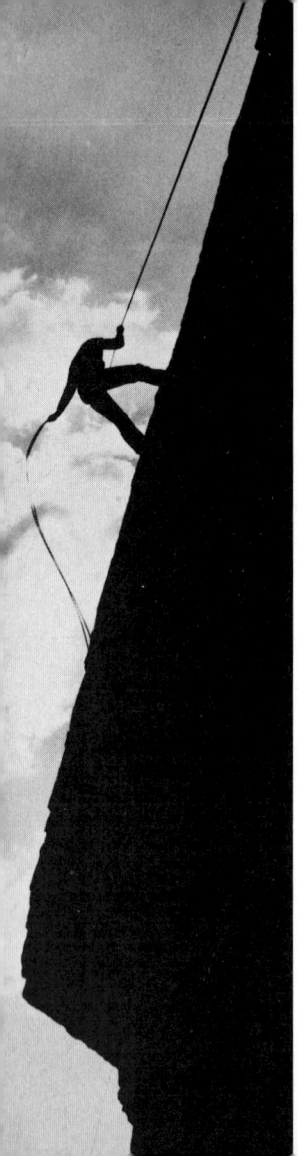

Abseilvorgang

Fertig zum Abseilen, die Hände am Seil, wird vom Abseilfixpunkt so weit **abgestiegen**, bis dieser sich wenigstens in Kopfhöhe oder etwas höher befindet. Erst dann beginnt die Abseilfahrt. Während des Abseilens Beine leicht **federnd gegen den Fels spreizen**, um dem unangenehmen Drehen um die Körperachse vorzubeugen. Auf die Funktion der Hände ist wie folgt zu achten:

- Hand am **straffen** Seil (oberhalb des Abseilachters) = **Führungshand**, die den Oberkörper in aufrechter Lage hält; wird von Anfängern häufig als Bremshand benutzt (Funktion verfehlt, sehr anstrengend).

- Hand am **losen** Seil (unterhalb des Abseilachters) = **Bremshand**, die die Abseilgeschwindigkeit reguliert; **starkes Bremsen** = langsames Abseilen bis hin zum Anhalten, weniger starkes Bremsen = schnelleres Abseiltempo.

Nach ausreichender Übung kann auch mit beiden Händen am losen Seilstrang (unterhalb des Abseilachters) gebremst werden.

Vorsicht vor zu schnellem Abseilen! Dies schadet dem Seil (Hitze) und es wird warm an den Handflächen und kann zu Hautverbrennungen führen. Achtung! Kleidungsstücke, Bandenden und lange Haare können in den Abseilachter geraten und ihn blockieren. Ein Weiterseilen ist dann **nicht mehr möglich** (der Abseilende ist sozusagen gefesselt). Lösen ist nur durch Entlastung des Abseilachters möglich. Kleidungsstücke wie lose Ärmel, Anoraksaum und lockere Pullover sowie Bandenden und lange Haare so versorgen, daß sie nicht in den Abseilachter geraten können.

Beim Übergang in steileres oder überhängendes Gelände, wenn das straffe Seil am Fels zur Auflage kommt, muß mit der **Führungshand** von oberhalb der Seilauflage nach unten gegriffen werden.

Muß während des Abseilens **angehalten** werden, und werden beide Hände zu irgendeiner Tätigkeit benötigt (Entwirren des nicht frei herunterhängenden Seiles usw.), so wird das lose Seil wie in der Zeichnung gezeigt zweimal um einen Oberschenkel gewickelt. Achtung! Dabei darf das Seil während des Hantierens nicht vom Oberschenkel herabfallen.

Nachdem der Erste abgeseilt hat, gibt er das Seil frei (hängt den Abseilachter aus). Danach verständigt er seinen oberen Partner durch Zuruf „Seil frei" oder „Seil okay".

Der obere Seilpartner kann das Freigeben des Seiles durch den unteren Partner natürlich auch am Nachlassen der Seilspannung erkennen (auf diese einfache Art und Weise läßt sich das Seilkommando sparen; günstig, wenn weder Sicht- noch Rufkontakt).

Abseilen mit Seilsicherung von oben

Umständliche Sicherung. Setzt ein **zweites** Seil voraus. Vorteil: Der Abseilende ist immer seilgesichert. Gesichert wird mit HMS (nicht mit Achter, da Seilzug nach unten):

- **Der zuerst Abseilende** wird vom Seilzweiten mittels zweitem Seil an einem zweiten Fixpunkt gesichert. Ist der Abseilfixpunkt ausreichend verläßlich (was die Regel sein soll), kann auch an diesem gesichert werden. Der Sichernde gibt das Seil entsprechend der Abseilgeschwindigkeit des Seilpartners aus.

- Der **nachfolgend Abseilende** wird vom Seilersten am unteren Standplatz gesichert. Das Seil läuft dabei vom unteren Standplatz zum oberen und über den Fixpunkt zum Abseilenden. Der Karabiner muß geopfert werden (bei Verwendung einer Reepschnurschlinge Gefahr der Schmelzverbrennung und Riß). Anschließend werden beide Seile abgezogen.

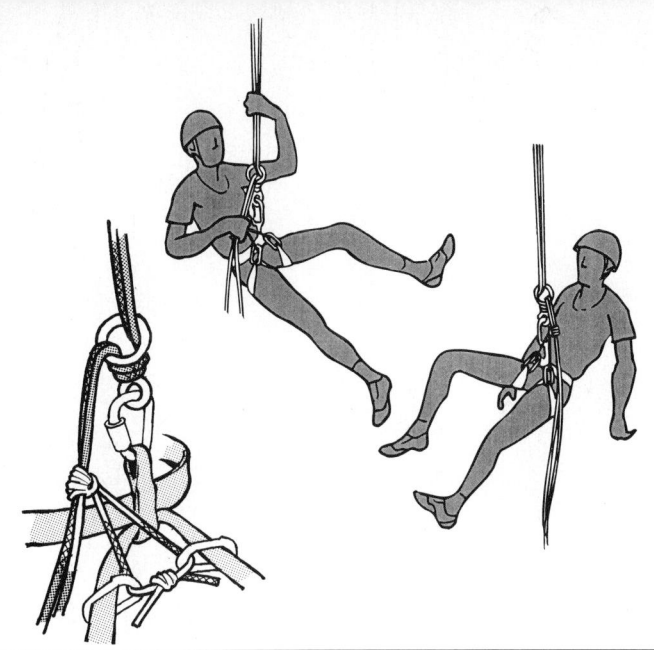

Abseilen mit Selbstsicherung

Sicherste Methode, auch für Anfänger (und Erschöpfte). Läßt der Abseilende beide Hände vom Seil, **blockiert der Prusikknoten**. Soll weiter abgeseilt werden, wird der Prusikknoten mit einer Hand nach unten geschoben.

- Der Abseilachter mit eingelegtem Abseilseil wird mit Schraubkarabiner am Anseilgurt eingehängt. Unterhalb des Abseilachters wird eine kurze Reepschnurschlinge (5 - 6 mm Ø) mit **Prusikknoten** ums Seil gelegt (**Kurzprusik**) und mit Karabiner im Sitzgurt eingehängt.

- Beide Hände führen das Seil wie auf Seite 124 angegeben; dabei befindet sich die Bremshand **oberhalb** des Prusikknotens und schiebt diesen am Seil herab (auch mit beiden Händen möglich).

Zum Anhalten (Seile entwirren usw.) werden Prusikknoten und Seil ausgelassen. Unerfahrene werden fertig für das Abseilen in das Seil

127

gehängt, und der Erfahrene seilt unterhalb davon ab. Der Anfänger kann keinerlei Fehler mehr machen (er könnte nur abseilen, was solange nicht möglich ist, wie der Erfahrene das Seil nicht freigibt).

Erschöpfte können auch vom Partner mittels HMS oder Abseilachter vom Standplatz **abgelassen werden** (schnellste Methode), allerdings muß der Erschöpfte einen **sicheren Standplatz** erreichen oder gegen Ende der Seillänge Sicherungspunkte anbringen und sich selbst sichern können.

Ist der Erschöpfte dazu **nicht** fähig, verfährt man besser, wie oben für Unerfahrene beschrieben.

Abziehen des Seiles

Bevor der Letzte abseilt, prüft der bereits unten Angelangte, ob sich das Seil **einwandfrei abziehen läßt** (Abzugsprobe). Klemmt das Seil, muß der Obere den Seilverlauf am Fixpunkt ändern und nochmals auf gute Abziehbarkeit prüfen lassen.

Liegt der Ring des Ringhakens am Fels auf (Zeichnung), dann am **unteren** Seilstrang ziehen (bevor der Letzte abseilt, merken); so entsteht die wenigste Reibung, das Seil läßt sich leichter abziehen als im Fall, da am anderen Seilstrang gezogen wird.

Haben alle abgeseilt, Knoten lösen und das Seil am leichter zu ziehenden Seilstrang abziehen. Doppelseil bzw. Zwillingsseil kann nur an **dem** Seilstrang abgezogen werden, das den **Verbindungsknoten** aufweist.

Das Abziehen soll **nicht zu schnell** erfolgen. Dies gilt auch für den Augenblick, da das Seilende durch die Abseilschlinge oder den Hakenring schlüpft. Die Gefahr, daß sich das Seil dabei verklemmt, ist bei schnellem Abziehen größer als beim langsamen.

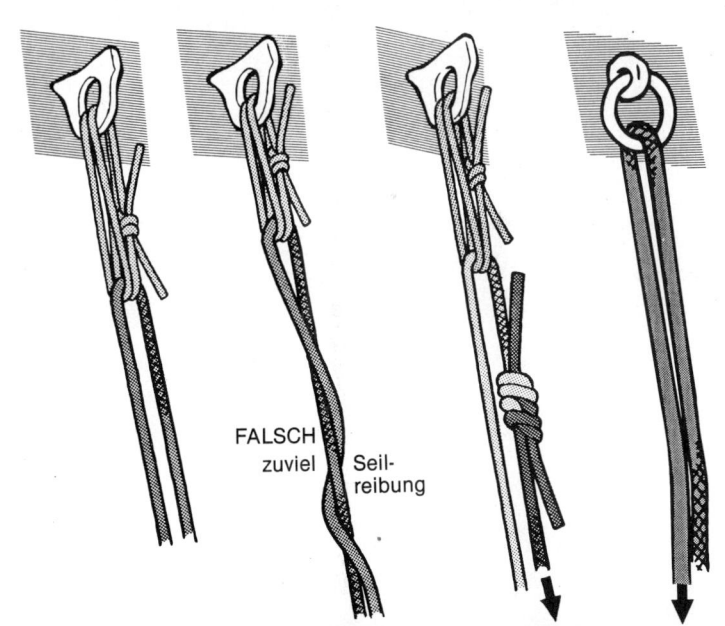

FALSCH
zuviel Seil-
reibung

Sturz im Fels und Hilfsmaßnahmen

Jeder Sturz, auch der harmlos erscheinende, kann im alpinen Gelände lebensgefährlich werden. Es muß nicht einmal gleich ein Arm- oder Beinbruch sein, sieht man von ernsteren Verletzungen ab. Ein verstauchter Knöchel schon, Folge eines harmlosen Sturzes, beeinträchtigt das Fortkommen der Seilschaft erheblich, sei es beim notwendig werdenden Rückzug oder beim weiteren Aufstieg. Jede zeitliche Verlängerung einer Bergtour im alpinen Gelände bedeutet Vermehrung objektiver Gefahren (Wettersturz, nicht eingeplantes Biwak usw.).

Im Hochgebirge ist die Seilschaft in der Regel auf sich allein gestellt. Bevor Hilferufe vernommen werden, die Bergrettung Nachricht davon erhält, die Rettungsmannschaft zusammengestellt ist und an Ort und Stelle die Rettungsmaßnahmen eingeleitet sind, können viele Stunden oder auch ein voller Tag vergangen sein. In der Zwischenzeit kann ein Wettersturz den Tod des Verletzten (Blutverlust, Schockeinwirkung, Kälte, Unterkühlung usw.) besiegelt haben. Je abgelegener sich ein Unfall ereignet, desto länger dauert das Eintreffen einer Rettungsmannschaft. Das gleiche gilt für zunehmende Schwierigkeit der Route. Auch wenn heute schon vielfach Hubschrauber zu Rettungszwecken eingesetzt werden, ist ihre Verwendung noch vom Wetter abhängig (Sichtflug).

Deshalb im alpinen Gelände nie bewußt einen Sturz riskieren – die Risiken eines unbeabsichtigten Sturzes sind groß genug. Die Annäherung an die Sturzgrenze auf ein Minimum beschränken und nur in unmittelbarer Nähe einer verläßlichen Zwischensicherung wagen.

Ist ein Sturz nicht mehr zu umgehen, dann möglichst nicht „leblos" vom Fels fallen, sondern alle Muskeln und Sehnen anspannen und die Luft anhalten, um so dem Körper mehr Widerstandskraft und Elastizität bei Fangstoßeinwirkung und möglicher Felsberührung zu geben. Ob dies im Ernstfall den gewünschten Erfolg bringt, steht dahin. Zuviel Unberechenbares spielt mit. Etwas Glück sollte nicht fehlen. Stürze in senkrechtem Fels sind meist von geringerer Verletzungsgefahr, sofern Zwischensicherungen vorhanden und der Belastung gewachsen sind.

◀ Der Sturz im Hochgebirge kann nie als ungefährlich gelten, da die Sturzfolgen wie Haken- oder Klemmkeilausbruch, Sturzhöhe usw. meist nicht sicher abzuschätzen sind.

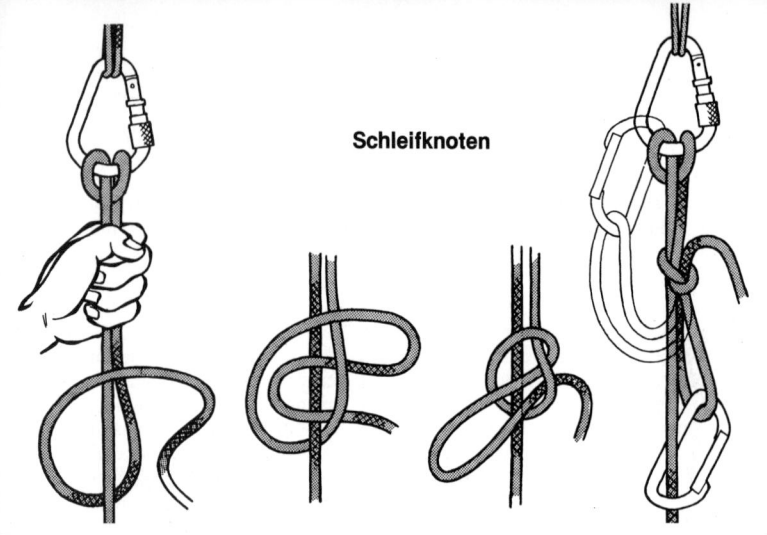

Schleifknoten

Fixieren des Gestürzten

Nach einem Sturz muß der Sichernde den Gestürzten **fixieren**, um beide Hände für Hilfsmaßnahmen freizubekommen. Dazu wird hinter der Halbmastwurfsicherung (HMS) ein **Schleifknoten** in das lose Seil geknüpft und die so entstandene Schlinge zur Absicherung in einen Karabiner eingehängt. Es zeigen sich die Vorteile der HMS (mit Achtersicherung nur sehr schlecht möglich). Lösen des Schleifknotens durch Aushängen des Karabiners und kräftigen Zug am losen Seilstrang, Achtung: Ruckartige Belastung der HMS. Der Gestürzte hängt danach wieder an der HMS.

Ablassen/Umlenken

Schafft ein Kletterer den Vorstieg nicht, muß er über die letzte (höchste) Zwischensicherung abgelassen werden. Mehrere Möglichkeiten der Seilumlenkung in der letzten Zwischensicherung bieten sich an:

- Entweder einen Karabiner opfern (nicht die ganze Expreßschlinge) oder,

- wenn der Ösenquerschnitt gerundet ist (bei scharfer Kante Seilbeschädigungen), dann das Seil durch die Öse fädeln und sich wieder anseilen; dazu muß man sich ausseilen. Dabei können Fehler unterlaufen, deshalb sollte der Kletterer trotz des Ausseilens immer mit dem Seil über die letzte Zwischensicherung gesichert sein: Eine Möglichkeit zeigen die Bilder.

- **Achtung:** Keinesfalls das Seil in einer Reepschnur- oder Bandschlinge umlenken (unter der Belastung entsteht Schmelzverbrennung und die Schlinge reißt, siehe auch Seite 87).

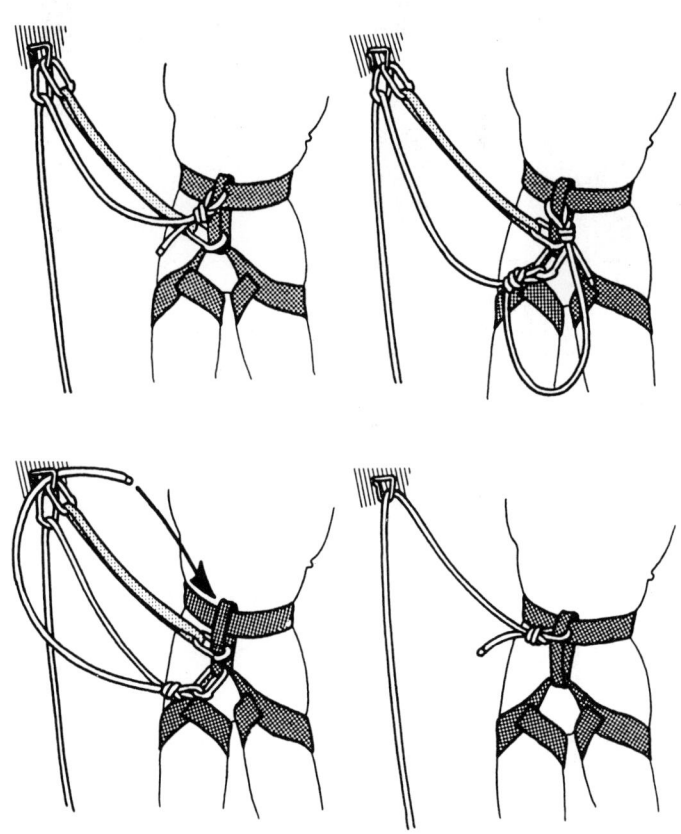

Flaschenzugtechnik

Ist der Gestürzte verletzt oder bewußtlos, kann er sich selbst nicht helfen, sind Hilfsmaßnahmen notwendig. Mit dem **Einfachflaschenzug** oder mit dem **Mehrfachflaschenzug** läßt sich ein Mensch hochhieven, sofern das Seil nicht allzuviel Reibung an Felskanten und in Karabinern erfährt. Man geht wie folgt vor:

1. Gestürzten mit Schleifknoten fixieren. Prusikschlinge am belasteten Seil anbringen und mit HMS und Schleifknoten fixieren. Dies kann auch am gleichen Haken erfolgen (aus Übersichtlichkeitsgründen wurde ein zweiter gezeichnet).

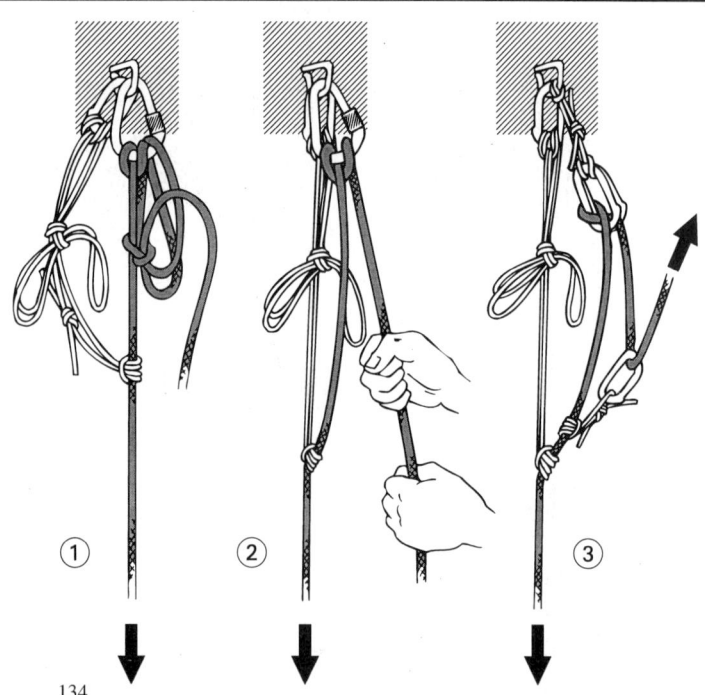

2. Schleifknoten des belasteten Seiles lösen und Last ablassen, bis Prusikschlinge belastet.

3. Einfachflaschenzug mit Garda-Klemmschlinge aufbauen.

4. Last mit Flaschenzug anheben, bis Prusikschlinge entlastet. Dann Prusikschlinge entfernen und den Gestürzten mittels Flaschenzug bergen.

5. Reicht die Zugkraft des Retters nicht aus, wird der Einfachflaschenzug mit Hilfe einer Reepschnur zum Mehrfachflaschenzug umgebaut.

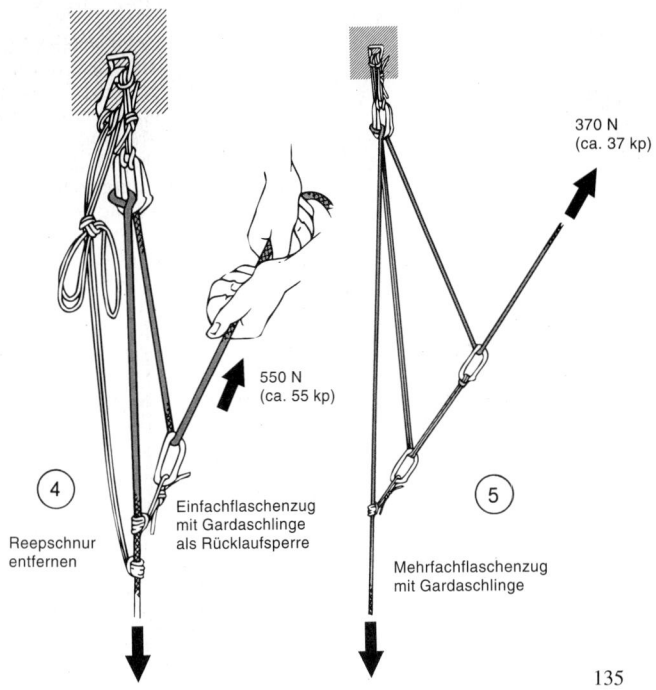

370 N
(ca. 37 kp)

550 N
(ca. 55 kp)

④

Reepschnur
entfernen

Einfachflaschenzug
mit Gardaschlinge
als Rücklaufsperre

⑤

Mehrfachflaschenzug
mit Gardaschlinge

135

Rückzug im Fels

Seilerster im Abstieg

Bis Schwierigkeitsgrad II wird gewöhnlich abgeklettert. Dabei kann der (schwächere) Vorauskletternde, um Zeit zu sparen, das Sicherungsseil als Hilfe benutzen. Dies kann soweit geschehen, daß ihn der Sichernde mit der HMS Meter für Meter hinunterläßt.

Ab Schwierigkeitsgrad III wird in der Regel abgeseilt, sofern keine größeren Dächer und Überhänge dies verhindern. Wird Doppelseil mitgeführt, ist der Rückzug weit problemloser (weil über größere Distanz abgeseilt werden kann) als mit Einfachseil (Abseilstrecke nur halbe Seillänge).

Bei aufkommender Unsicherheit Selbstsicherung anlegen! (Kurzprusik, siehe Seite 127).

Nach Möglichkeit auf der bekannten Route bleiben. So können vorhandene Standhaken als Abseilhaken verwendet werden. In unübersichtliches Gelände nur abseilen, wenn Aussicht besteht, mit der Abseillänge einen geeigneten Standplatz zu finden.

In überhängendem Fels ist eine besondere Rückzugstechnik erforderlich (läßt sich mit Einfachseil nur über die halbe Seillänge abwickeln). Es wird wie folgt vorgegangen:

- Der Seilerste wird vom Seilzweiten mit der HMS hinabgelassen. Dabei hängt er alle strategisch wichtigen (richtungsändernden) Zwischensicherungen ein.

- Es folgt der Seilzweite, gesichert vom unteren Seil ersten mit HMS und Seilverlauf über den oberen Standhaken, wo ein Karabiner geopfert werden muß (Achtung! Keine Reepschnur verwenden, sie reißt durch die Schmelzverbrennung).

Seilzweiter im Abstieg

Damit der nachfolgende Seilzweite alle Zwischensicherungen erreichen kann, hängt er einen Karabiner in seinen Anseilgurt und in den nach unten führenden Seilstrang. Beim Abgelassenwerden hängt der Seilzweite alle Zwischensicherungen aus.

- Hat der nachkommende Seilzweite schließlich den Standplatz des Seilersten erreicht, muß sich einer der beiden ausseilen, und das Seil wird abgezogen.

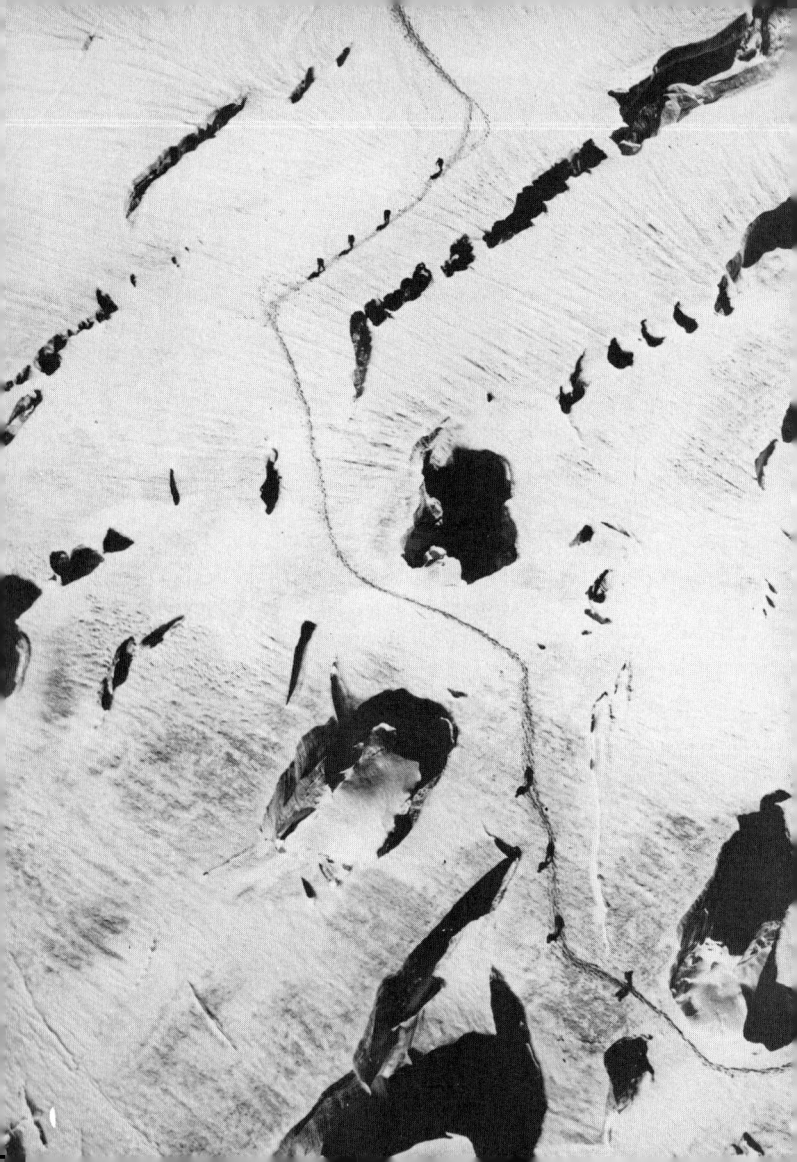

Die Anwendung des Seiles auf Gletschern

Auf dem aperen Gletscherteil sind alle Spalten zu erkennen und können so überwiegend gefahrlos umgangen werden. Der firnbedeckte Gletscherteil verdeckt seine Spalten, was ihn besonders gefährlich macht. Das harmlose Aussehen vieler firnbedeckter Gletscher verleitet den Unerfahrenen zum sorglosen Betreten.

Auf firnbedeckten Gletschern muß grundsätzlich angeseilt werden. Das Seil dient zur Sicherung und Rettung bei Spaltensturz.

Das Angeseiltsein allein aber bietet auch auf Gletschern noch **keine** Sicherheit. Erst die sicherungstechnisch richtige Anwendung des Seiles vermeidet das Risiko eines Spaltensturzes der ganzen Seilschaft und das Risiko, den in die Spalte Gestürzten womöglich nicht bergen zu können.

Gleichzeitiges Gehen am Seil beinhaltet auch auf steilen Gletscherhängen die Gefahr des Mitgerissenwerdens. Stürzt ein Seilpartner, reißt er den oder die anderen mit. Das Seil überträgt die Belastung nur vom einen Seilende auf das andere.

Diese Gefahr besteht auch auf steilen Firnhängen, wo gleichzeitig am Seil auf- oder abgestiegen wird. Der oder die übrigen am Seil Befindlichen werden mitgerissen, bis der Sturz der ganzen Seilschaft in flacherem Gelände endet. Solange in Firnflanken aus Zeitgründen und ihrer geringen Steilheit wegen nicht seillängenweise von Standplatz zu Standplatz gesichert, sondern gleichzeitig auf- oder abgestiegen wird, bietet das **Gehen ohne Seil** – sofern keine Spaltengefahr besteht – **letztlich mehr Sicherheit** für die ganze Seilschaft als das Gehen am Seil. Der einzeln zu Sturz gekommene Eisgeher kann seinen Sturz durch Anwendung der Liegestütztechnik oder des Pickelrettungsgriffes schon nach kurzer Sturzhöhe abbremsen und zum Stillstand bringen. Die Seilpartner einer Seilschaft dagegen reißen sich immer wieder gegenseitig mit in die Tiefe.

Der sicheren Beherrschung der Liegestütztechnik und des Pickelrettungsgriffes kommt deshalb besondere Bedeutung zu.

◀

Zwei Viererseilschaften auf dem Tschierva-Gletscher (Bernina). Aus der Vogelperspekive sind Spalten und ihr verdeckter Verlauf immer besser zu erkennen als auf dem Gletscher selbst.

Anseilen auf Gletschern

Um sich jederzeit für eine notwendig werdende Spaltenbergung schnell aus dem Seil lösen zu können, wird mit separater Reepschnur- oder Bandschlinge (Achterschlinge) und Karabiner mit Verschlußsicherung angeseilt.

Da sich auch schon verschlossene Karabiner selbsttätig geöffnet und sich das Seil ausgehangen hat, empfiehlt es sich aus Sicherheitsgründen, **zwei** Karabiner mit Verschlußsicherung (Schraubverschluß, Twistlock) zu verwenden und diese gegenläufig einzuhängen; so besteht Redundanz (sollte sich das Seil wirklich aus einem Karabiner aushängen, ist noch ein zweiter vorhanden, der die Funktion erfüllt; daß sich beide selbsttätig aushängen können, ist nicht vorstellbar). **Auf geschlossenen Schnapper und Verschlußsicherung achten!**

Reepschnur mindestens 7 mm Durchmesser, 2 m lang.

Band mindestens 20 mm breit bzw. mit mindestens zwei Festigkeitskennstreifen, 2 m lang.

Achtung!

Karabiner **nie direkt** in die Schlaufen der Anseilgurte einhängen! Querbelastung und Bruch des Karabiners möglich (geringe Querfestigkeit).

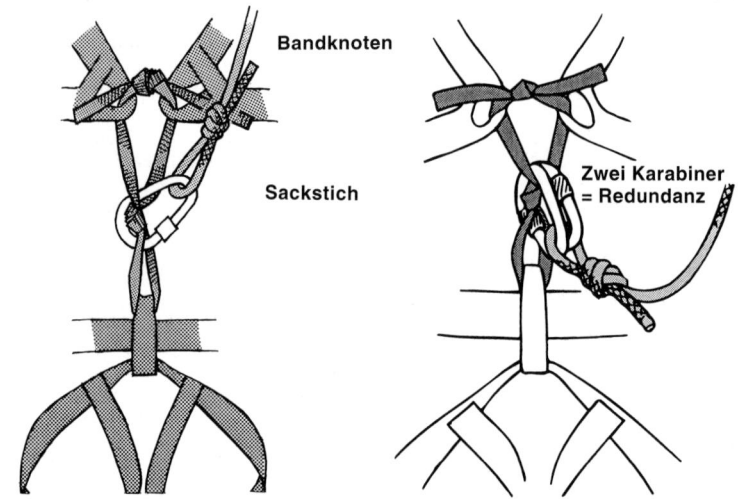

Bandknoten

Sackstich

Zwei Karabiner = Redundanz

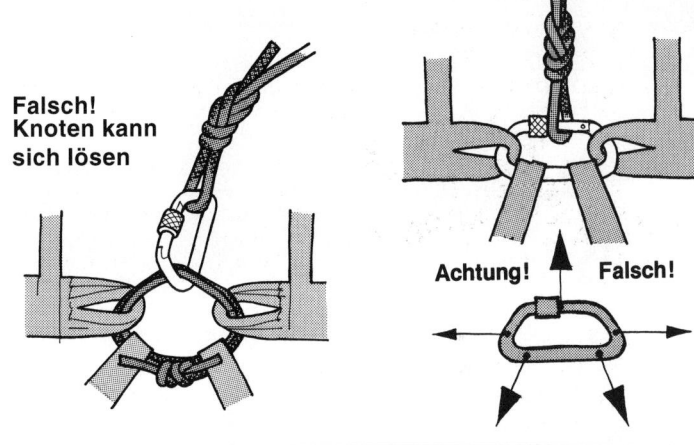

**Falsch!
Knoten kann
sich lösen**

Achtung! **Falsch!**

In welchen Abständen angeseilt wird, richtet sich nach der Anzahl der Seilpartner (Zweier-, Dreier- oder Viererseilschaft). Hierzu siehe Seite 143. Als Anseilknoten dient der **Sackstich** oder der **Achterknoten** (etwas voluminöser, läßt sich jedoch nach Sturzbelastung leichter lösen).

Das freie Seilstück des Seilersten und das des Seilletzten werden zu armlangen Schlingen aufgenommen und unter der Rucksackpatte verstaut (oder, wenn kein Rucksack vorhanden, über der Schulter getragen). So ist es für die Spaltenbergung am schnellsten verfügbar.

Das Anseilen auf Gletschern nur mit einem Hüftgurt (ohne Brustgurt) beinhaltet bei Spaltensturz **erhöhte Gefahr eines Schleudertraumas** (Abkippen des Oberkörpers nach hinten, Hängen mit dem Kopf nach unten), da meist ein Rucksack getragen wird (Schwerpunktverlagerung nach hinten) und die allermeisten Spaltenstürze unerwartet auftreten, so daß ein kontrollierbarer Sturz in die Spalte (Hände am Seil) nicht vorstellbar ist.

141

Begehen von Gletschern

Firnbedeckte Gletscher werden wegen der **Spaltengefahr immer angeseilt begangen**. Um bei Spaltensturz eines Seilpartners diesen schnellstmöglich bergen zu können, muß je nach Anzahl der Seilpartner (Zweier-, Dreier- oder Viererseilschaft) an unterschiedlichen Stellen am Seil angeseilt werden.

Der erfahrenste und ausdauerndste Seilpartner (Spuren, Sondieren, Gespür für Gletscherspalten) geht im allgemeinen voran. Die Seilschaft bewegt sich gleichzeitig, alle Seilpartner gehen in gleichem Tempo. Das Seil soll möglichst wenig auf dem Gletscher schleifen. Seilschlingen werden, solange keine Mitreißgefahr besteht (siehe Seite 165, 166), **nicht** aufgenommen und in der Hand gehalten, Ausnahme: notwendig werdendes Aufschließen. Vorsicht! Stärkere Firnbelastung, Achtung bei verdeckten Spalten.

Die Spaltengefahr auf Gletschern wird vielfach unterschätzt. Die Erkennbarkeit der Gefahr wird erschwert durch Neuschnee und möglicherweise unsichtiges Wetter (diffuses Licht, das die Schattenbildung auslöscht).

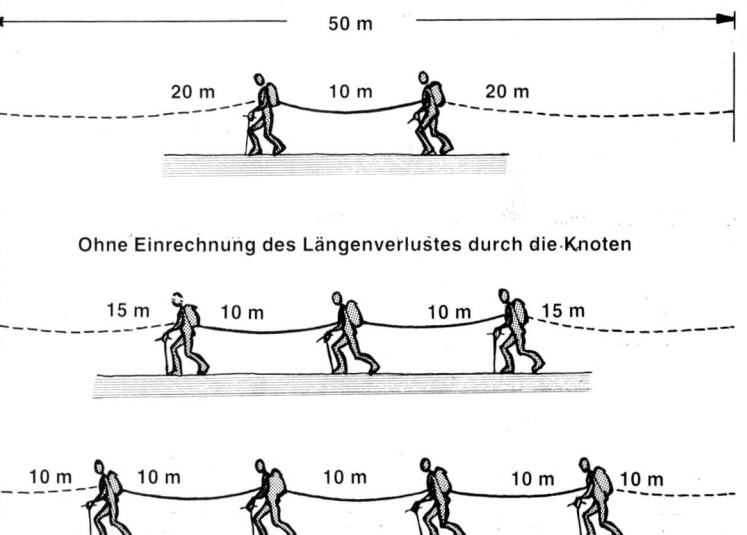

50 m

20 m · 10 m · 20 m

Ohne Einrechnung des Längenverlustes durch die Knoten

15 m · 10 m · 10 m · 15 m

10 m · 10 m · 10 m · 10 m · 10 m

143

Gletscherspalten werden immer rechtwinklig zu ihrem Verlauf überschritten, breitere auch mit etwas Anlauf (nicht mehr als drei bis vier
Schritt) übersprungen. **Achtung!** Für den Sprungvorgang muß genügend Seil zur Verfügung stehen. Seilschlingen aufnehmen und beim
Sprung fallen lassen. Das jenseitige Spaltenufer muß sicheren Halt
für das Aufspringen bieten (immer einzusehen).

Noch breitere Gletscherspalten müssen in sicherem Abstand (Spal-
tenwächten, nicht einzusehen!) umgangen werden.

Vor Begehen von **Spaltenbrücken** muß der Seilerste die Tragfähig-
keit mit dem Pickel (Eisgerät) sondieren. Alle übrigen Seilpartner
bleiben auf sicherem Spaltenufer, in möglichst **weitem Abstand vom
Spaltenrand**. Notfalls muß sich der nächstfolgende Seilpartner aus-
und kurz vor dem dritten wieder einbinden (Gegengewicht für möglichen Spaltensturz des Seilersten). Stößt der Pickel beim Sondieren
ins Leere, dann **sofort zurück**. Die Brücke ist dünn und mit ziemli-
cher Sicherheit nicht tragfähig.

Müssen **wenig sicher erscheinende Spaltenbrücken** begangen werden (Umgehung der Spalte nicht möglich), so muß dies **kriechend**
geschehen, Pickel (Eisgerät) in beiden Händen, um die Flächenbela-
stung möglichst gering zu halten.

Schmale, längliche Senkungen deuten immer auf Spalten hin. In Glet-
schermulden sind immer weniger Spalten anzutreffen als an Glet-
scherbuckeln.

Seilerster beim Sondieren

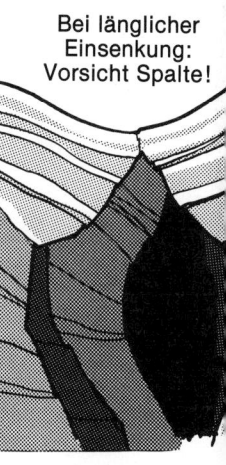

Bei länglicher
Einsenkung:
Vorsicht Spalte!

Spaltensturz und Hilfsmaßnahmen

Jeder Mensch wird mit einer horizontal oder diagonal wirkenden Kraft in der Größenordnung von 50 bis 500 N (etwa 5 bis 50 kp) **aus dem Stand gerissen**. Der Spaltensturz eines Seilpartners kann deshalb vom folgenden Seilzweiten weder im Gehen noch im Stehen gehalten werden. Der plötzlich auftretende Sturzzug **reißt ihn zu Boden** und so lange in Richtung Spaltenrand, bis die Fallenergie durch Seilreibung am Spaltenrand und durch Reibung zwischen dem Niedergerissenen und der Gletscheroberfläche in Form von Reibungsarbeit aufgenommen worden ist. Erst danach ist der Spalten-

Spaltensturz auf abschüssigem Gletscher. Sturzbelastungen dieser Art sind für die übrigen Seilpartner sehr gefährlich.
Die Seilreibung am Spaltenrand und die Reibung zwischen den zu Boden gerissenen und der Gletscheroberfläche können u.U. nicht ausreichen, den Sturz abzufangen. Die übrigen Seilpartner folgen dann dem Ersten in die Spalte.

sturz abgefangen. Gelegentlich tragen die zu Boden Gerissenen Armluxationen und/oder Knochenbrüche davon.

Bei einer **Dreierseilschaft** wird gelegentlich noch der Dritte zu Boden gerissen. Der Bremsweg in Richtung Spaltenrand ist dann kürzer. Hier und bei der nachfolgend beschriebenen Spaltenbergung zeigen sich die **Vorteile der Dreier- und der Viererseilschaft auf dem Gletscher**. Die Zweierseilschaft ist am schlechtesten dran.

Um der Mitreißgefahr bei Spaltensturz vorzubeugen, können kurze Sackstichschlingen ins Seil geknüpft werden, die die Reibung am Spaltenrand beträchtlich erhöhen, die Spaltenbergung jedoch nicht behindern (da diese nicht am sturzbelasteten Seilstrang erfolgt).

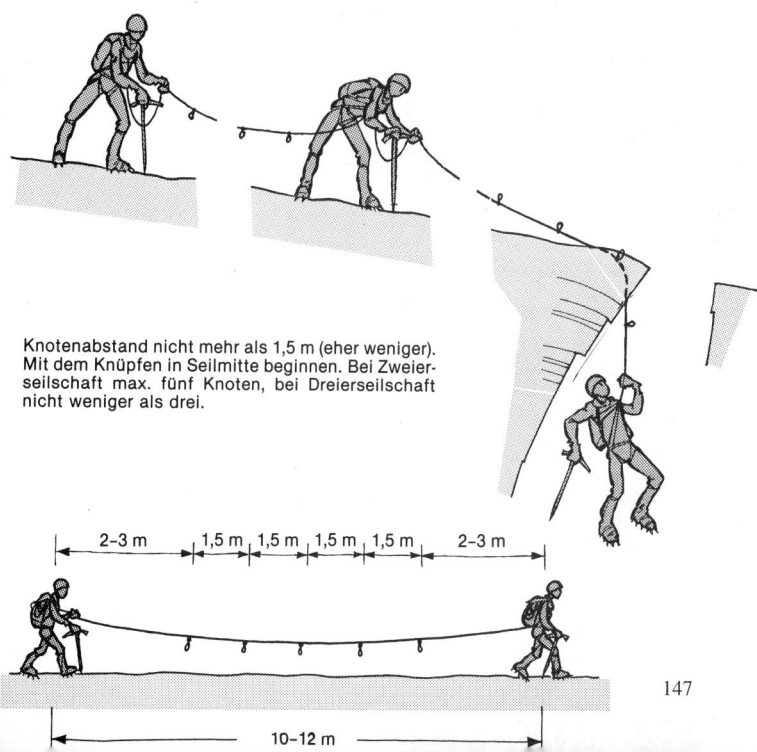

Knotenabstand nicht mehr als 1,5 m (eher weniger). Mit dem Knüpfen in Seilmitte beginnen. Bei Zweierseilschaft max. fünf Knoten, bei Dreierseilschaft nicht weniger als drei.

2-3 m | 1,5 m | 1,5 m | 1,5 m | 1,5 m | 2-3 m

10-12 m

Fixieren des in die Spalte Gestürzten

Ist der Spaltensturz abgefangen, muß der **Gestürzte fixiert** werden. Je mehr Seilpartner zur Verfügung stehen, desto besser. Bei der Zweierseilschaft muß dies der eventuell zu Boden Gerissene in ungünstiger Lage zuwege bringen.

Zunächst muß ein **Fixpunkt** geschaffen werden. Es kommt nur die **T-Verankerung** („Toter Mann") in Frage. Sie bietet den sichersten Halt im Firn (senkrecht eingerammter Pickel ist zu unsicher). Die T-Verankerung läßt sich bequem mit etwas Übung innerhalb weniger Minuten anbringen. Als Anker können verwendet werden:

- Pickel, Eisgerät
- Rucksack (am besten leer)
- Anorak, Pullover, Handschuhe (nicht Perlon/Nylon)

148

Zur Fixierung wird wie folgt vorgegangen:

- Quer zur Richtung des belasteten Seiles mit Pickel/Eisgerät eine möglichst schmale, ausreichend tiefe Furche in den Firn hacken/graben. Je kleiner der Anker (Eishammer, Handschuhe), desto tiefer die Furche (mindestens 50 cm).

- T-förmig zur Furche (also in Richtung des belasteten Seiles) eine schmale Rinne (für die Reepschnur) anbringen.

- Prusikschlinge um das belastete Seil legen und mit Ankerstich am Anker befestigen.

- Anker möglichst tief in die Furche drücken (Haue von Pickeln und Eisgeräten nach unten) und Firn von der nicht zu belastenden Seite darauf raffen und festtreten.

- Durch vorsichtiges Nachlassen des belasteten Seiles Prusikschlinge und T-Verankerung langsam belasten.

- Vom Seil befreien (Schraubkarabiner öffnen und Seilknoten lösen).

Sind weitere Seilpartner vorhanden, so unterstützen sie mit Seilzug (Körperzug) den die Fixierung anbringenden Partner oder bringen selbst die Fixierung an. Sodann lösen sich alle soweit vom Seil, daß die Spaltenbergung (Lose Rolle oder Lose Rolle/Flaschenzug) beginnen kann. **Achtung vor weiteren Spalten!** Am Fixpunkt oder am unbelasteten Seil mit Prusikschlinge **selbstsichern!**

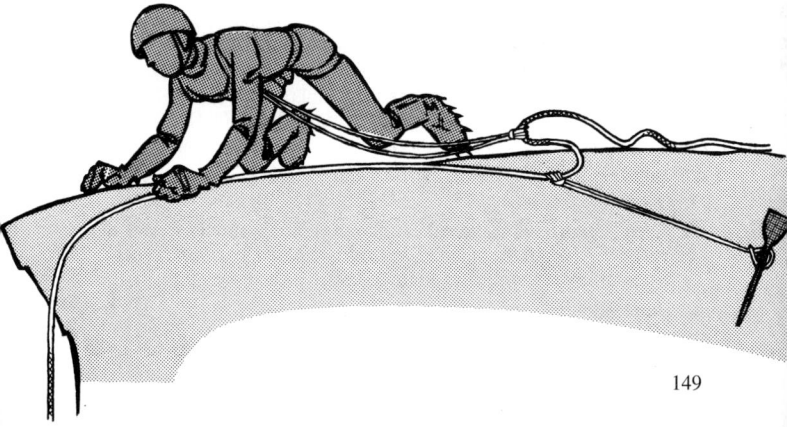

Kein Mensch kann einen annähernd gleich schweren Partner ohne Hilfsmittel, mit bloßer Handkraft, aus einer Spalte befreien! Das Seil schneidet sich immer in den Spaltenrand ein (Reibung!) und erhöht so die erforderliche Zugkraft beträchtlich. Verschiedene Methoden der Spaltenbergung – je nachdem, wieviele Retter zur Verfügung stehen – bieten sich wie folgt an.

Mannschaftszug

Einfachste und schnellste Form der Spaltenbergung, erfordert jedoch **genügend Seilpartner bzw. Helfer** (eventuell eine in der Nähe befindliche Seilschaft). Mit vier (besser fünf und mehr) Mann läßt sich ein in einer Spalte frei hängender Seilpartner durch gleichzeitiges Ziehen heraufbefördern (Zugkraft je Mann etwa 400 N, ca. 40 kp). Dabei ist auf exakte Kommandos zu achten. Ablauf wie folgt:

- Auf „Hau-Ruck" (Betonung liegt auf „Ruck") wird gleichzeitig gezogen.

- Nach jedem Hub halten drei (gegebenenfalls mehr) Retter das Seil kurzzeitig fest, während der vorderste den Prusikknoten wieder soweit wie möglich in Richtung Spaltenrand schiebt.

- Danach kurzes Ausruhen.

- Es folgt Nachgreifen und auf Kommando der nächste Hub.

Kurze Sackstichschlingen oder Prusikschlingen im Zugseil erleichtern das Greifen und Ziehen.

Der Ausstieg über den Spaltenrand ist für den ans Tageslicht zu Befördernden immer schwierig. Hilfreiche Hände am Spaltenrand sind **nicht** nützlich. Besser wirft man dem zu Rettenden eine am Fixpunkt befestigte Seil- oder Reepschnurschlinge zu, die er als Griff benutzen kann. Hilft dies in Verbindung mit der Frontalzackentechnik noch nicht, muß diese Schlinge verlängert werden, damit er sie als Steigschlinge verwenden kann.

Ist der Spaltenrand überwächtet, muß sich der zu Bergende eine Bresche schlagen. Dies können auch die Retter tun, jedoch nicht, wenn sich der zu Bergende mit dem Kopf schon in unmittelbarer Nähe befindet. Auf jeden Fall Vorsicht! Bei Pickelbenutzung Gefahr der Seilbeschädigung.

Bei überwächtetem Spaltenrand keinesfalls Gewalt mittels Seilzug anwenden! Verletzungsgefahr des zu Bergenden.

Lose Rolle

Die für **alle Seilschaftsgrößen schnellste und unkomplizierteste Bergungsmethode**. Das Prinzip der losen Flaschenzugrolle wird ausgenutzt. Dazu ist eine freie Seillänge von mindestens der doppelten Entfernung zwischen Fixpunkt und dem in der Spalte Hängenden erforderlich (bei richtigem Anseilabstand steht immer genügend Seil zur Verfügung).

Nach Fixierung des in die Spalte Gestürzten wird wie folgt vorgegangen:

- Eine Seilschlinge mit eingehängtem Karabiner wird zum in der Spalte Hängenden hinabgelassen.

- Dieser hängt den Karabiner in seine Achterschlinge.

- Der oder die Retter ziehen auf Kommando am losen Seilstrang. Nach jedem Hub wird das Seil kurzzeitig festgehalten und der Prusikknoten wieder in Richtung Spaltenrand geschoben. Danach folgt der nächste Hub.

- Der zu Rettende kann die Arbeit wesentlich unterstützen, indem er sich bei jedem Hub (Kommando der Retter) am fixierten Seil etwas emporzieht (dadurch Verringerung der Seilreibung).

Ausstieg aus der Spalte wie beim Mannschaftszug. Alle weiteren Bergungsmethoden erfordern mehr Zeit. Pulleys (Seite 65) verringern die Reibung und erleichtern dadurch die Hubarbeit.

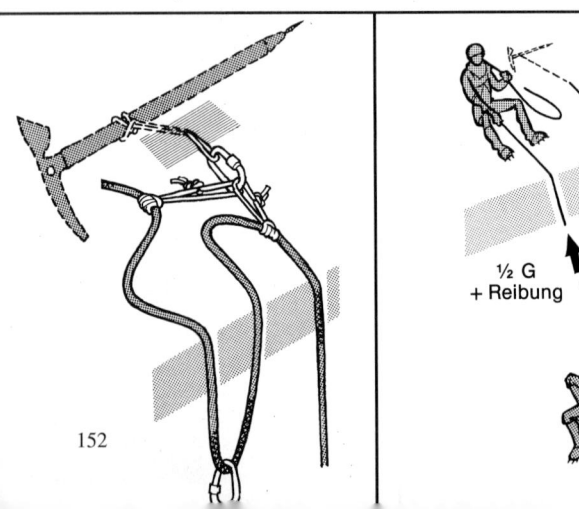

152

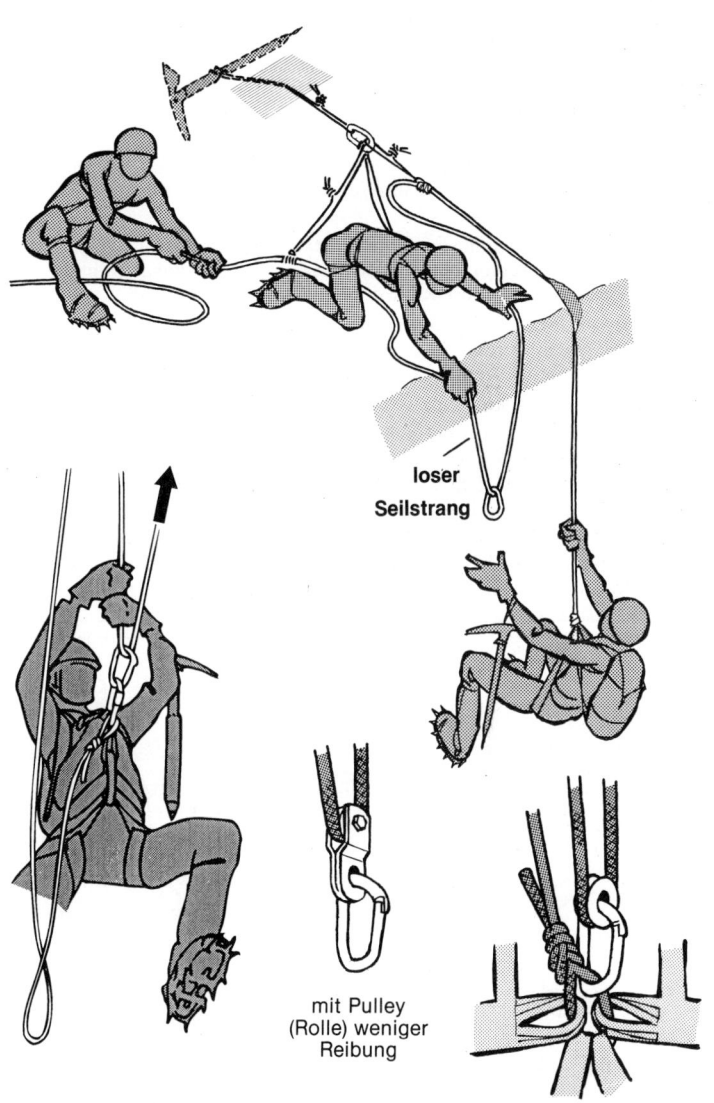

loser Seilstrang

mit Pulley (Rolle) weniger Reibung

Lose Rolle/Flaschenzug

Methode für die Zweierseilschaft, wenn der Seilzweite zu schwach ist, den Arbeitshub mit der Losen Rolle zu leisten. Es wird die **Lose Rolle** mit dem **Einfachflaschenzug** wie folgt kombiniert:

- Seilschlinge mit eingehängtem Karabiner als Lose Rolle zum in der Spalte Hängenden hinablassen. Dieser hängt den Karabiner in seine Achterschlinge.

- Am losen Seilstrang wird der Einfachflaschenzug angebracht: Gardaklemmschlinge zum Blockieren und kurze Prusikschlinge mit Karabiner als Lose Rolle des Flaschenzugs.

- Jeden Hub so weit ausführen, bis sich der Karabiner in der Nähe der Gardaklemmschlinge befindet. Danach den Prusikknoten wieder möglichst weit in Richtung Spaltenrand schieben.

- Es folgt der nächste Hub.

Je größer die Entfernung zwischen Garda-Klemmschlinge und Spaltenrand, desto besser (größere Arbeitshübe, der in der Spalte Hängende kann schneller befreit werden).

Die Kombination Lose Rolle/Einfachflaschenzug ist das Prinzip des Doppelten Flaschenzugs. Folglich auch doppelter Arbeitsweg und damit doppelte Zeit.

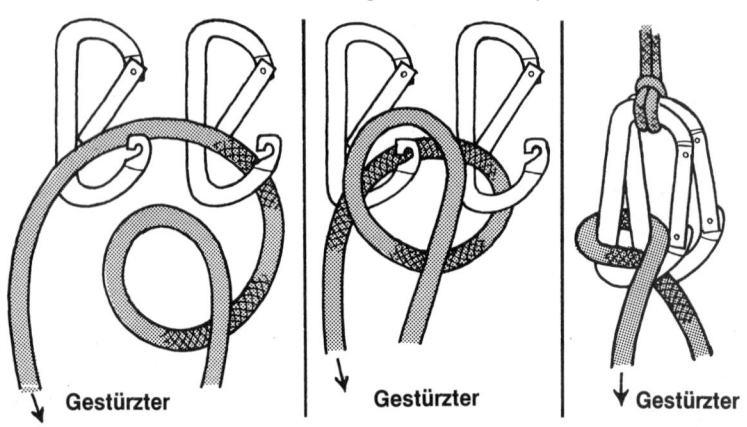

Garda-Klemmschlinge als Rücklaufsperre

Gestürzter   Gestürzter   ↓ Gestürzter

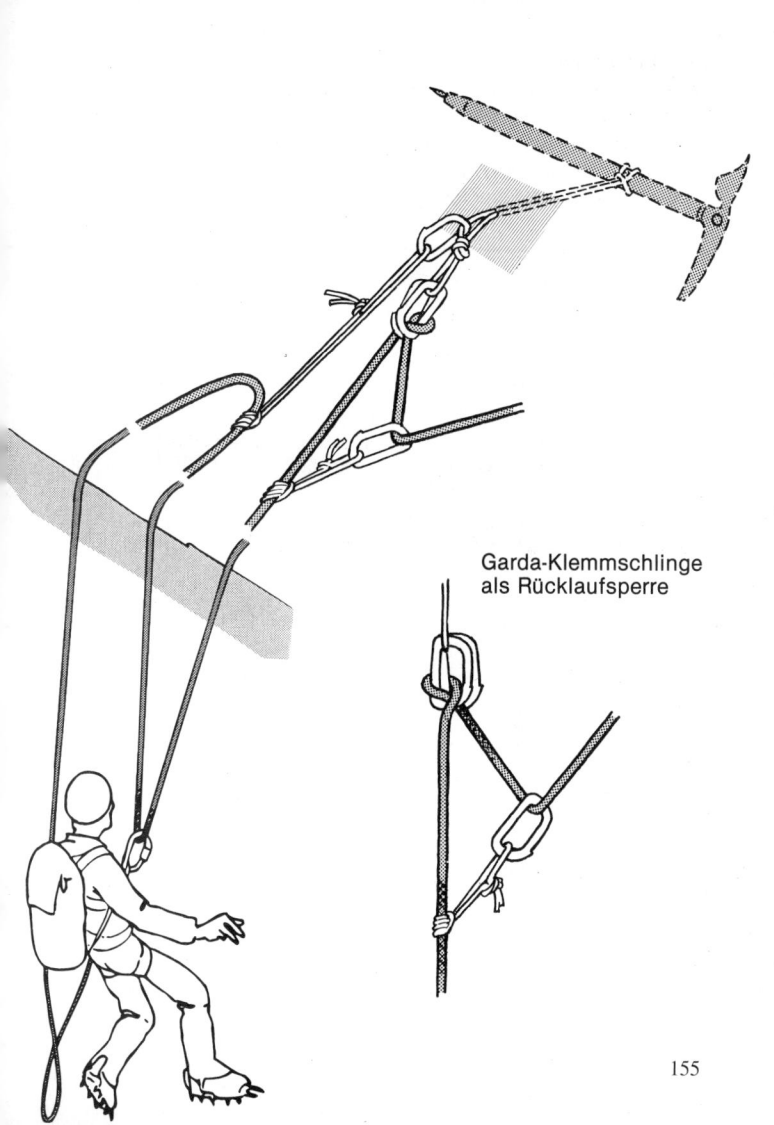

Garda-Klemmschlinge
als Rücklaufsperre

155

Prusiktechnik

Methode für den Fall, daß der oder die Retter zu schwach sind oder sich nicht zu helfen wissen, und der in die Spalte Gestürzte aktionsfähig ist.

Zwei Prusikschlingen (Durchmesser 5 mm) von unterschiedlicher Länge (wie folgt) und drei Karabiner sind erforderlich:

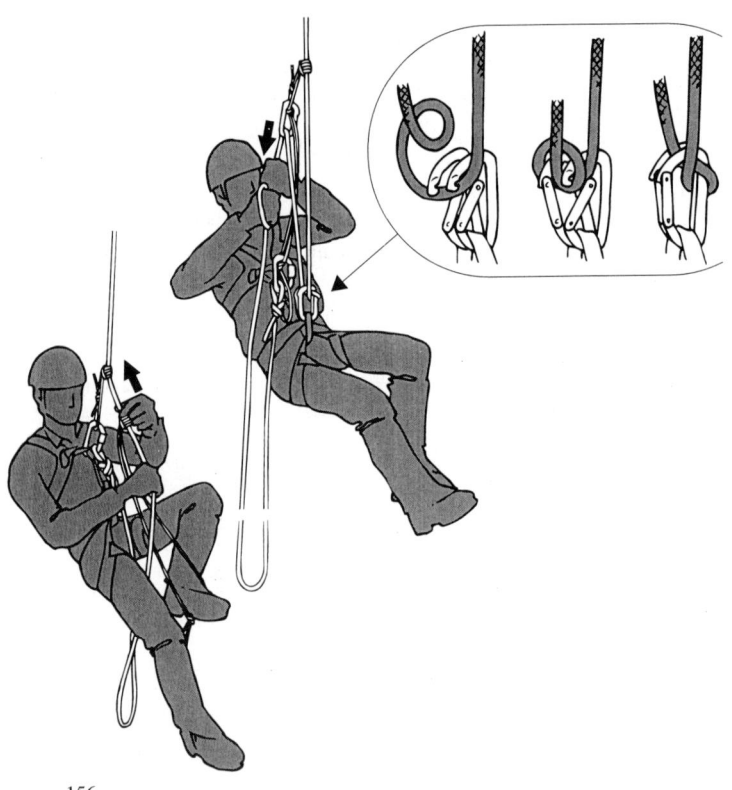

- Steigschlinge (Länge mindestens 1,0 m *) mit Prusikknoten ins Seil knüpfen und auf die Länge abknoten, so daß ein möglichst großer Beinhub möglich wird (Zeichnung).

- Kurzprusik (Länge mindestens 0,5 m *) mit Prusikknoten über dem der Steigschlinge ins Seil knüpfen und möglichst kurz (direkt unterhalb des Prusikknotens) abknoten, jedoch so, daß sich gerade noch ein Karabiner einhängen läßt (dieser wird für die **Selbstseilrolle** benötigt, siehe nachfolgend); Prusikschlinge auf knappe Armlänge abknoten (falls länger) und mit Schraubkarabiner **) in den Anseilpunkt einhängen.

- Zur Erleichterung der Steigarbeit können auch beide Beine in der Steigschlinge zum Aufrichten dienen.

Wenn das Seil am Spaltenrand oder an einer Felskante aufliegt, ist ein Darüberemporschieben der Prusikschlingen **nicht** möglich; deshalb muß dann die **Selbstseilrolle** angewandt werden, auf die sehr leicht umzurüsten ist, wie folgt:

- In die Anseilschlaufe des Hüftgurtes werden zwei Karabiner parallel eingehängt (für die Verwendung als Gardaklemme).

- Das Seil wird als Gardaschlinge in die beiden genannten Karabiner eingelegt.

- In den Karabiner der Kurzprusikschlinge (direkt unter dem Prusikknoten) wird das Seil, das von der Gardaklemme kommt, eingehängt.

- Damit werden die Beine nicht mehr für die Hubarbeit benötigt und können zum Abstützen vom Eis/Fels dienen (Steigschlinge zuvor entfernen).

- Das lose Seil über die Umlenkung der Kurzprusikschlinge mit beiden Händen einziehen und dabei das Becken möglichst hochhieven.

- Aufrichten des Oberkörpers, dadurch wird die Last auf die Gardaklemme verlagert, Kurzprusikschlinge nach oben schieben und erneuter Hub. Dabei mit leicht gespreizten Beinen sich vom Eis/Fels wegdrücken, damit sich das Seil vom Spaltenrand/Felskante abhebt und die Prusikschlingen am Seil darüber hinaufgeschoben werden können.

---

*) gilt für 1,70 m Körpergröße, bei 1,80 m Körpergröße jede Schlinge 10 cm länger.

**) oder andere Karabiner mit Verschlußsicherung (z.B. Twistlock usw.).

Die Anwendung des Seiles im Steileis

Ein Sturz im Steileis ist kaum weniger rasant als im Fels. In einer 60° steilen Firn- oder Eisflanke entspricht ein Sturz zu etwa 90% dem des Freien Falls.

Da im Firn und Eis weniger Zwischensicherungen die Regel sind, fallen die möglichen Sturzhöhen meist größer aus. Sichere, saubere Anwendung der Steigeisen- und der Ankertechnik sind deshalb besonders wichtig.

Das Seil dient im Steileis der Sicherung wie im Fels und wird auch wie im Fels gehandhabt. Nur ein Seilpartner bewegt sich, während er vom anderen am Standplatz (Standschraube, -haken) gesichert wird. Seilkommandos wie im Fels.

Gleichzeitiges Gehen am Seil ist wie im Fels **nicht** anzuraten. Bei Sturz eines Seilpartners wird der zweite/werden die übrigen mitgerissen.

Fortbewegung
der Zweierseilschaft

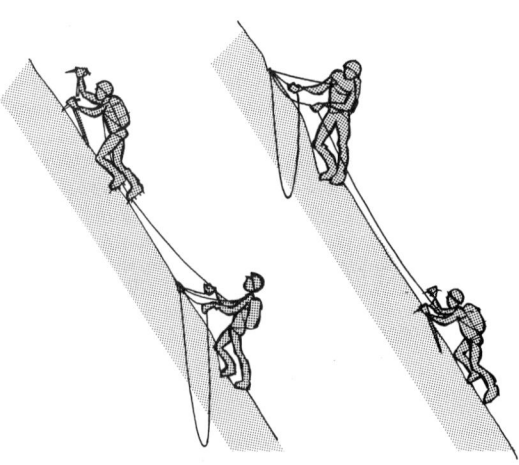

Bei der Dreierseilschaft (ein Vorsteiger, zwei Nachsteiger an getrennten Seilen) wird der Vorsteiger im Aufstieg nur von einem der beiden Nachsteigenden gesichert (sichern beide, jeder an einem Seil, ergibt sich bei Sturz ein doppelt so hoher Fangstoß). Der Vorsteiger sichert beide Nachsteiger an den beiden Seilen gleichzeitig nach.

Angeseilt wird am Seilende (wie im Fels). **Beim Sichern auf genügend Bremsreserve achten!** Von Standplatz zu Standplatz nur 45 m ausgehen unter der Voraussetzung 50 m langer Seile.

Sicherung mit **HMS** am Fixpunkt (zwei Eisschrauben, Kräftedreieck), bei der Dreierseilschaft mit der Magic Plate (siehe Seite 93).

Die Standplätze müssen ausgepickelt werden. Steinschlaghelm tragen! Eisbrocken aus 45 m Höhe haben enorme Wucht (Fallenergie).

Bei größerer Steilheit, im Grenzbereich sicherer Fortbewegungsmöglichkeit, müssen **Zwischensicherungen** angebracht werden, wenigstens eine nach der halben Seillänge (20 m). Bei größerer Steilheit in kürzeren Abständen.

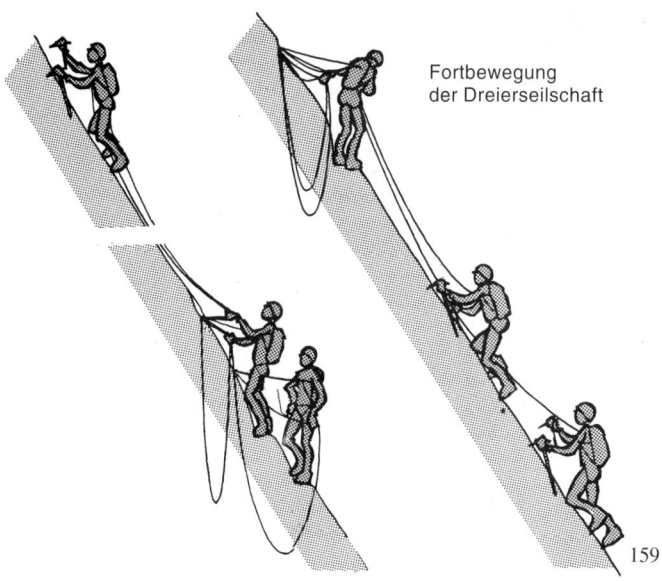

Fortbewegung
der Dreierseilschaft

Sicherung in Firn- und Eisflanken

Die Handhabung der HMS erfolgt wie im Fels. Am Standplatz sind **zwei** Fixpunkte empfehlenswert. Abstand der beiden Eisschrauben bzw. Abstand zwischen Eisschraube und Eishaken (nicht zwei Eishaken verwenden) etwa 30 cm. Verbindung der beiden durch das **Kräftedreieck** zu einem zentralen Sicherungspunkt (wie im Fels). Selbstsicherung an einem der beiden Fixpunkte.

Die Sicherung des voransteigenden und die des nachkommenden Seilgefährten erfolgt wie im Fels, ebenso der Standplatzwechsel, falls nur ein Seilpartner führt.

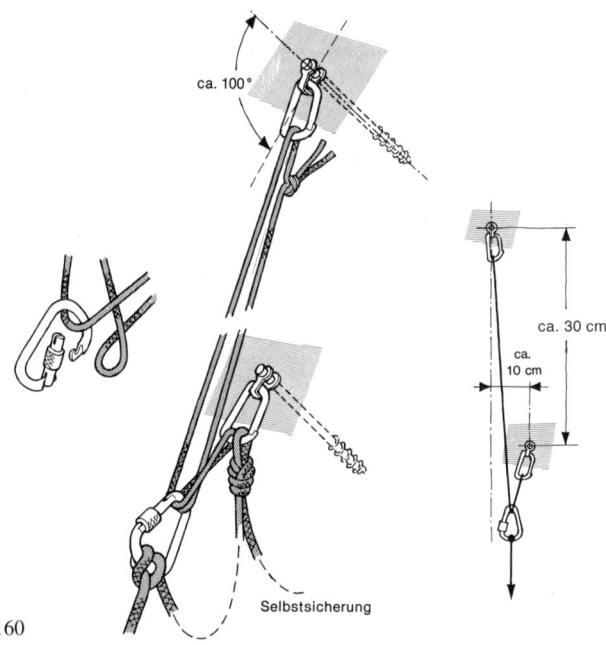

ca. 100°

ca. 30 cm

ca. 10 cm

Selbstsicherung

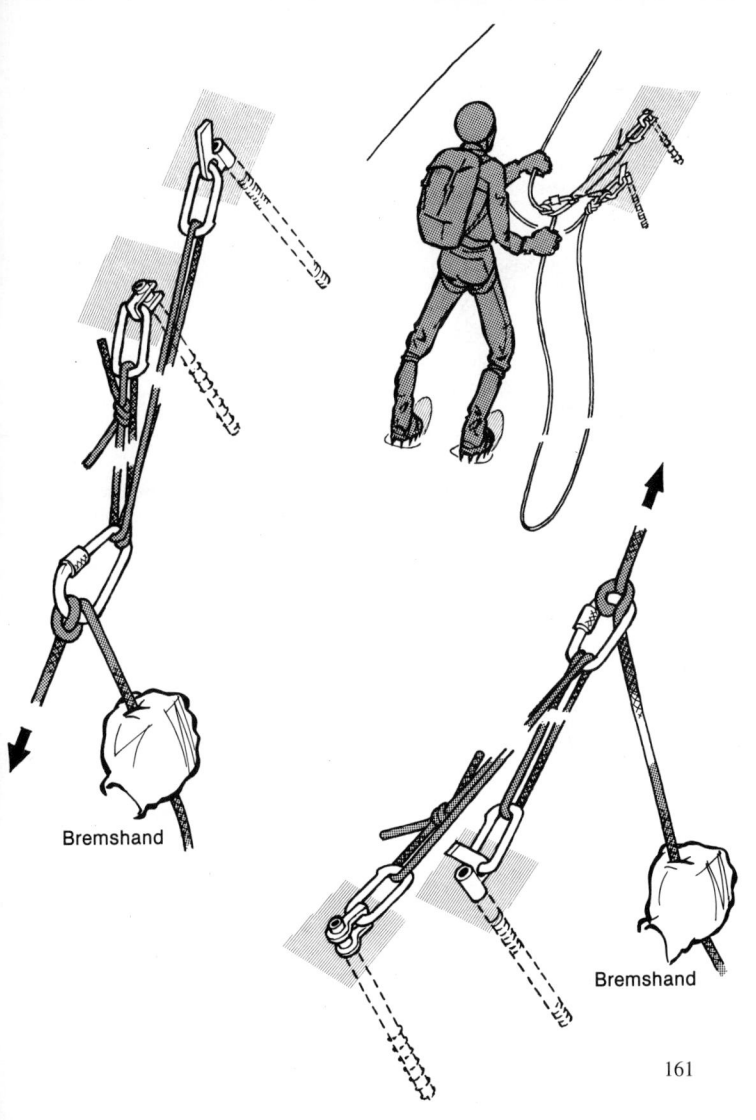

Bremshand

Bremshand

161

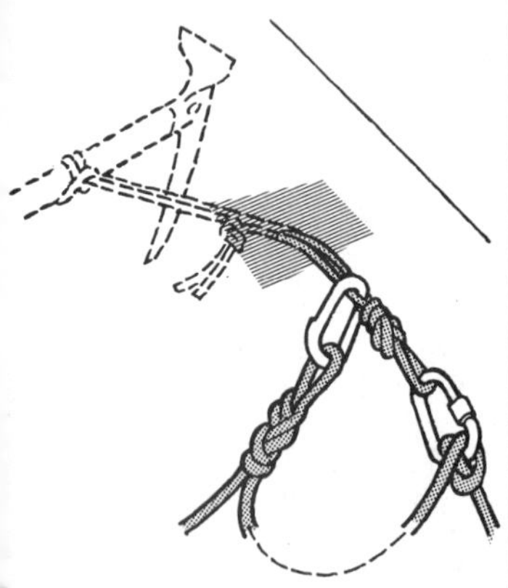

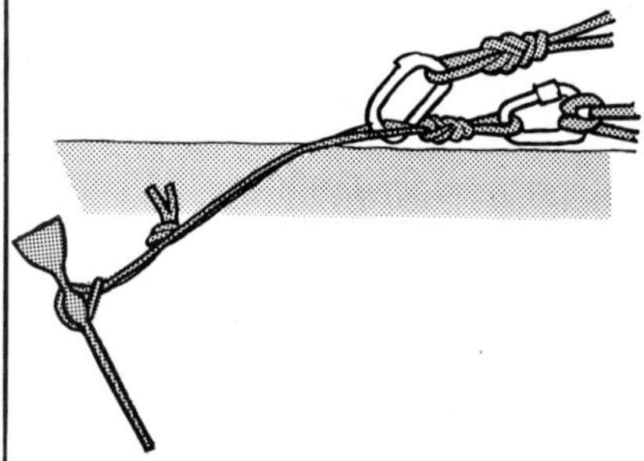

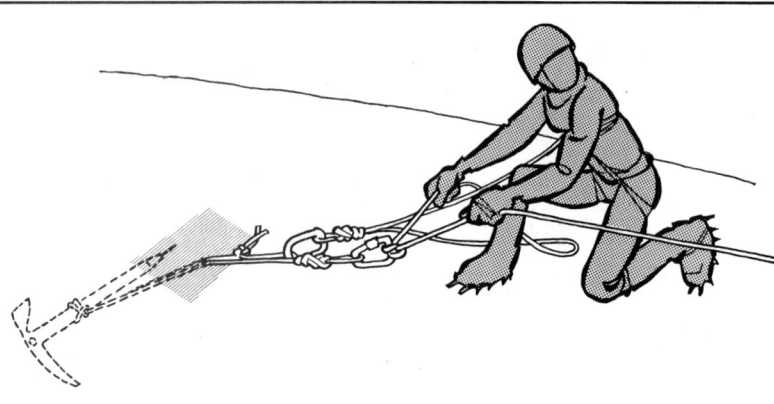

Bei Sicherung an der **T-Verankerung** wird im Prinzip verfahren wie beim Sichern an Eisschrauben und Eishaken. In die Reepschnurschlinge wird ein Sackstich oder Achterknoten geknüpft und die HMS eingehängt. Die Selbstsicherung wird oberhalb des Knotens angebracht.

Sicherung auf Firn- und Eisgraten

Firn- und Eisgrate können in ihrer Form sehr **unterschiedlich** sein. Folgende Formen gilt es zu unterscheiden.

- breite Firn- und Eisgrate **mit** und **ohne** Wächtengefahr,
- schmale, nach beiden Seiten steil abfallende Firn- und Eisgrate **mit** und **ohne** Wächtengefahr.

Das Gehen, Sichern und Verhalten bei Sturz eines Seilpartners muß der Gratform angepaßt sein wie auf den folgenden vier Seiten beschrieben.

Die Seilschaft ist angeseilt wie auf dem Gletscher (mit Achterschlinge und Schraubkarabiner, Abstand von Seilpartner zu Seilpartner etwa 8 bis 9 m). So können die Voraussetzungen zum unterschiedlichen Verhalten am schnellsten geschaffen werden. Ändert sich die Gratform, muß das Verhalten der geänderten Gratform angepaßt werden.

Nicht immer kann die Gratform auf beiden Seiten eingesehen werden. Bei flacher werdendem Grat besteht auf der Leeseite immer die **Gefahr von Wächten**. Mit dem Pickel sondieren. Ausreichenden Abstand von der möglichen Abbruchlinie (siehe Seite 165) so halten, daß das Sondieren mit dem hangseitig geführten Eispickel nicht näher als etwa einen Meter an die vermutete Abbruchlinie heranreicht. Die Wächte kann so dick sein, daß der Pickel nicht ins Leere stößt.

Jeder flacher werdende Grat verführt, auf der Gratkrone zu gehen. Es muß trotzdem in jedem Fall ausreichender Abstand von der vermuteten Abbruchlinie gehalten werden, auch wenn dies zum weniger angenehmen Gehen im steileren Hang zwingt.

Bei Sturz eines Seilpartners auf schmalen Firn- oder Eisgraten **muß der Seilnächste auf die andere Gratseite springen**. Ein solcher Sprung ist jedem Menschen anfänglich zuwider, da es nicht dem natürlichen Verhalten entspricht. Es muß deshalb geübt werden. Auf weniger steil und nur wenige Meter tief abfallenden Firngraten beginnen. Ohne Übung sinken die Erfolgschancen rapid, da schon ein Zögern von nur wenigen Sekunden zum Mitgerissenwerden führen kann.

Nur unter ganz bestimmten Voraussetzungen kann auf Firngraten ohne Wächtenbruchgefahr auf Seilsicherung verzichtet werden (hierzu siehe Seite 164).

Breite Firn- und Eisgrate o h n e Wächtenbruchgefahr

Die ungefährlichste Gratform, wenn annähernd waagrechter Verlauf (Gratrücken).

Es wird gleichzeitig am Seil gegangen, Abstand von Seilpartner zu Seilpartner etwa 8 bis 9 m (wie auf dem Gletscher).

Wird der Gratverlauf steiler, gleicht das Gehen dem in geneigten Firn- und Eisflanken (Gefahr des **Mitgerissenwerdens!**)

Je nach Steilheit und je nach Können der Seilpartner kann eventuell noch gleichzeitig gegangen oder muß von Standplatz zu Standplatz mit Gefährtensicherung (und Selbstsicherung) gesichert werden.

Breite Firn- und Eisgrate mit Wächtenbruchgefahr

Es wird gleichzeitig am Seil in ausreichendem Abstand von der möglichen Abbruchlinie gegangen, der Seilzweite/dritte aus Sicherheitsgründen in noch etwas größerem Abstand. Abstand von Seilpartner zu Seilpartner etwa 8 bis 9 m (wie auf dem Gletscher). Jeder hält einige lose Seilschlingen in der Hand, um im Falle eines Wächtenabbruchs durch einen Seilpartner sofort auf die andere Gratseite springen zu können.

Das Seil schneidet sich bei Sturz durch Wächtenbruch so weit in den Firn, daß es gemeinsam mit den als Gegengewicht fungierenden übrigen Seilpartnern genügend bremst.

Die zunehmende Verflachung am Grat verlockt zum bequemeren Gehen auf der Gratkrone. Trotzdem muß ausreichender Sicherheitsabstand von der möglichen Abbruchlinie gehalten werden.

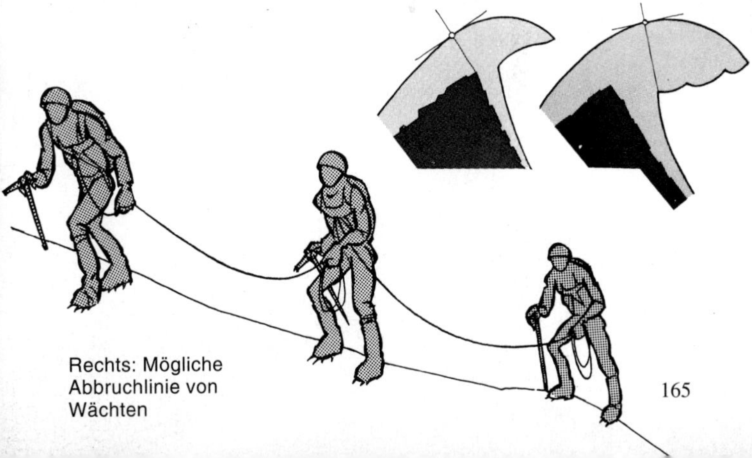

Rechts: Mögliche Abbruchlinie von Wächten

165

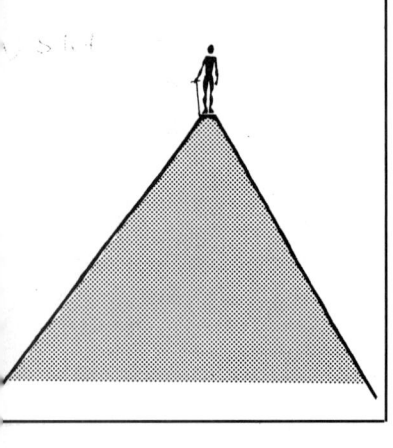

Schmale, nach beiden Seiten abfallende Firn- und Eisgrate ohne Wächtenbruchgefahr

Es wird gleichzeitig am Seil gegangen. Abstand etwa 8 bis 9 m (wie auf dem Gletscher). Jeder Seilpartner hält einige lose Seilschlingen in der Hand, um im Fall des Sturzes eines Partners sofort auf die andere Gratseite springen zu können.

Das Gegengewicht beim Sprung auf die andere Seite und das Einschneiden des Seiles in den Firn bringen den Sturz zum Stillstand. Dies gilt auch für das möglicherweise folgende Mitgerissenwerden des Seildritten. Beim oben genannten Seilabstand und beim Fallenlassen der losen Seilschlingen kommt dies in der Regel jedoch nicht vor.

Den Schwächeren vorangehen lassen, um ihn jederzeit im Blickfeld zu haben. Bei gleich guten und erfahrenen Seilpartnern kann, sofern keine Wächten vorhanden, auch auf das Seil verzichtet werden.

Scharfe, nach beiden Seiten steil abfallende Firn- und Eisgrate mit Wächtenbruchgefahr

Es muß **unterhalb der Gratkrone** (unterhalb der möglichen Abbruchlinie), in der Steilflanke gegangen werden, auch wenn dies immer schwieriger und zeitraubender ist.

Es wird in der Regel **nicht** mehr gleichzeitig gegangen, sondern von Standplatz zu Standplatz mit Gefährtensicherung (und Selbstsicherung) gesichert. Die Entfernung zwischen den Standplätzen kann kürzer als 40 m gewählt werden. Zwischensicherungen sind je nach Steilheit ratsam.

Ist die Flanke unterhalb des Grates weniger steil und soll aus Zeitgründen gleichzeitig gegangen werden, besteht Gefahr, beim Sturz eines Seilpartners mitgerissen zu werden. Das seilfreie Gehen ist dann (wie in geneigten Firn- und Eisflanken) eher zu empfehlen.

Rückzug im Eis

Soweit möglich, immer die Aufstiegsspur zurückverfolgen. In Eiswänden können so die zuvor ausgepickelten Standplätze wieder verwendet werden. Der zuerst Absteigende wird vom Sichernden mit **leichtem Seilzug** (HMS) hinabgesichert. So kann dieser schnell und sicher absteigen, da weniger Achtsamkeit erforderlich ist. Bei steileren oder schwierigeren Passagen (Blankeis) müssen (wie im Aufstieg) Zwischensicherungen für den von oben nachfolgenden Seilzweiten gesetzt werden. Auch im Abstieg **nicht** die volle Seillänge ausgehen, sondern auf **Bremsreserve** zum Sichern achten!

Muß abgeseilt werden und stehen nicht genügend Eisschrauben bzw. -haken zur Verfügung, so kann aus dem Eis eine **Abseilbirne** herausgehauen werden (sehr zeitaufwendig). Die Birne darf nicht zu klein ausfallen (kleinster Durchmesser mindestens Unterarmlänge), je größer, desto mehr Belastbarkeit.

Der **wieder lösbare Abseilfixpunkt** mit einer Eisschraube ist problematisch. Bei tiefem Sitz der Eisschraube läßt sie sich nach dem Abseilen nicht lösen, bei weniger tiefem Sitz kann sie während des Abseilens ausbrechen. **In jedem Fall zuvor erproben**.

Überwindung des Bergschrundes an der schmalsten und niedrigsten Stelle wie rechts gezeigt.

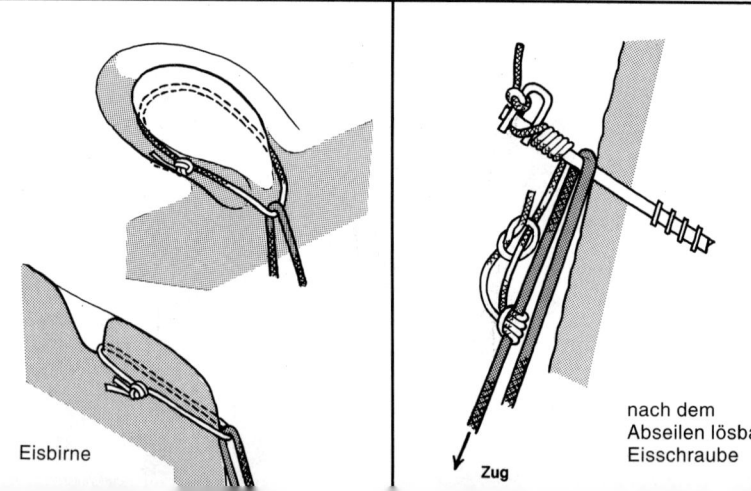

Eisbirne

Zug

nach dem
Abseilen lösba
Eisschraube

Die Anwendung des Seiles als Fixseil im Eis

Bei größeren Gruppen und insbesondere auf Expedition in außereuropäischen Gebirgen müssen gelegentlich **Fixseile** zum Auf- und Abstieg benutzt werden. Das Anbringen dieser und das Gehen und Sichern daran unterscheidet sich von der bisher genannten Technik.

Aus Gewichtsgründen (Expeditionen, Luftfracht!) werden dünne Halbseile verwendet (Zwillingsseile). Die Fixpunkte müssen über einen längeren Zeitraum ihre Haltbarkeit beibehalten. Firnhaken und Eisschrauben können ausschmelzen (Sonneneinstrahlung!) und sind überdies nur sehr teuer zu transportieren (Luftfracht!). Bessere Möglichkeiten bieten sich an:

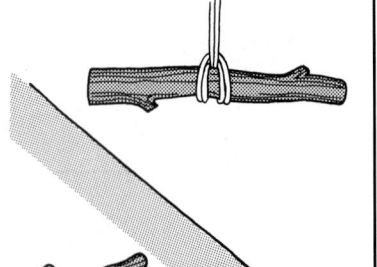

T-Verankerung mit Holz

Bester und sicherster Fixpunkt. Aus dem letzten Waldstück werden etwa 4 bis 5 cm dicke (Handgelenkstärke), 40 bis 50 cm lange Frischholzstämme (kein morsches Holz!) mitgenommen. Auf ausreichende Eingrabtiefe achten (nicht unter 50 cm)!

Senkrecht eingerammtes Holz

Dickere Stämme können auch senkrecht eingerammt werden. Kurze Aststummel oder eine Stammverdichtung verhindern das Emporrutschen der Reepschnur beim Einrammen.

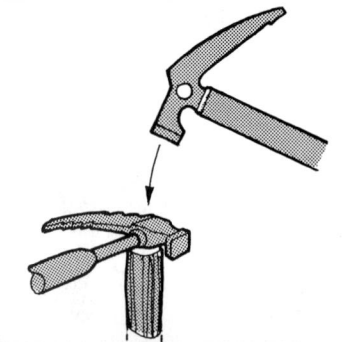

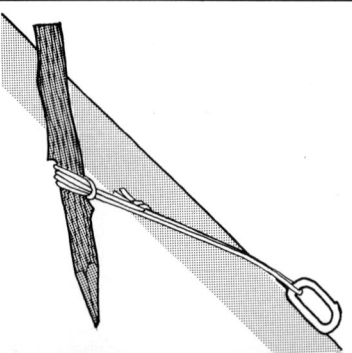

- Reepschnurdurchmesser nicht unter 5 mm!
- Frischholzstämme halten als Verankerung noch besser, werden sie vor dem Firnverfestigen mit Feuchtigkeit benetzt (draufpinkeln!).

Werden Firnhaken benutzt, müssen diese tief genug eingerammt und mit Firn abgedeckt werden, andernfalls erhöhte Gefahr des Ausschmelzens (Sonneneinstrahlung!).

Die Fixseile werden mit Sackstich oder Achterknoten an den Reepschnurschlingen der Fixpunkte befestigt. Die Fixseile dürfen nicht gespannt werden (Gefahr der Durchschmelzung), sie müssen leicht durchhängen.

Sanduhren im Eis

In festem Eis lassen sich Fixpunkte nach dem Sanduhrprinzip (System „Abalakov") schaffen. Bei genügend tiefen Löchern (nicht unter 15 cm) wurden Ausreißkräfte senkrecht zu den Lochachsen in der Größenordnung von 6 bis 8 kN (ca. 600 bis 800 kp) gemessen. Keine Gefahr des Ausschmelzens. Die Löcher werden mit einer Rohreisschraube ins Eis gebohrt. Die Reepschnur läßt sich mit einem kurzen Drahtstück (mit spitzem Widerhaken) leichter durchziehen.

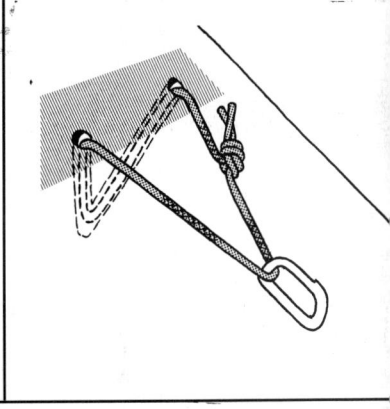

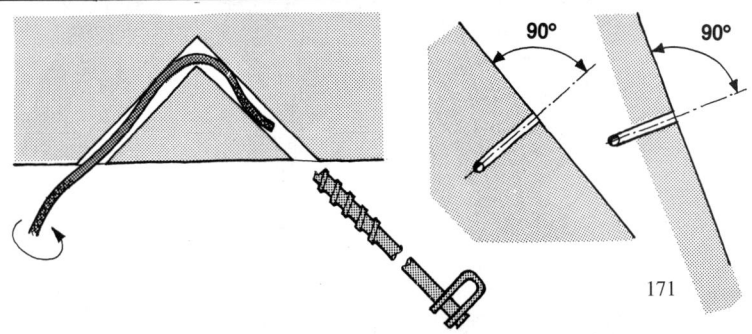

171

Auf- und Abstieg an Fixseilen

Anseilen wie zur Gletscherbegehung mit Brust- und Sitzgurt, verbunden durch einen Reepschnurring, Brustgurt und Hüftgurt verbunden mit Achterschlinge (siehe Seite 140). Fortbewegung und Sicherung am Fixseil durch **Steigklemme vom System Jümar**. Am besten eignet sich das Fabrikat **Petzl**, da mit einer Hand bequem am Seil ein- und auszuhängen (auch mit Handschuh). Die Steigklemme wird mittels Reepschnur **armlang** am Sitzgurt befestigt.

Beim Aufwärtsgehen wird die Steigklemme mitgeschoben. Sie blockiert bei Belastung nach unten (Armzug, Sturzzug, Rasten). Auf- und Abstieg erfolgen im **Dreiertakt**:

- Steigklemme aufwärtsschieben, festhalten,
- einen Fuß höher setzen und aufrichten,
- mit dem anderen Fuß höher steigen.

Zum Rasten wird die Steigklemme über den Sitzgurt belastet. Beine leicht gespreizt, Oberkörper auf der Reepschnur ruhend.

Beim Abstieg muß bei jedem Abwärtsschieben der Steigklemme die **Seilklemme** (Achtung! Nicht die Sperre) gelöst werden.

An Fixpunkten muß die Steigklemme zum Weitergehen umgehängt werden. Das Gewicht ruht auf den leicht gespreizten Beinen und mit einer Hand am Seil. Die **Sperre** und die **Seilklemme** werden gelöst, die Steigklemme aus dem Seil aus- und hinter dem Fixpunkt wieder eingehängt. **Seilklemme und Sperre wieder schließen** (teilweise selbsttätig, Federmechanismus). Der Aufstieg wird weiter fortgesetzt.

Bei sehr steilen Anstiegen sind zwei Steigklemmen anzuraten. Senkrechter Aufstieg an fixiertem Seil nur mit zwei Steigklemmen und je einer Steigschlinge gemäß Prusiktechnik.

Alpines Notsignal

Nur in Notfällen wird das alpine Notsignal gegeben. Dies kann optisch oder akustisch erfolgen (rufen, Trillerpfeife, Blinkzeichen, Biwaksack ausfalten und wieder zusammenlegen, ist am weitesten sichtbar). Notsignal wie folgt:

Notsignal

- in regelmäßigen Abständen **sechsmal in der Minute**, also alle 12 Sekunden ein Zeichen

- Danach eine **Minute Pause**, worauf das **Notsignal wiederholt wird.**

Das Notsignal wird gegeben, bis Antwort festzustellen ist. Danach darf das Signal nicht völlig eingestellt werden: eine Wiederholung in längeren Zeitabständen ist wichtig, um den Rettern immer wieder die Position anzuzeigen und kundzutun, daß ihre Hilfe nach wie vor notwendig ist.

Die Rettungsmannschaft antwortet wie folgt:

Antwortsignal

- in regelmäßigen Abständen **dreimal in der Minute**, also alle 30 Sekunden ein Zeichen

- Danach **eine Minute Pause**, worauf das **Antwortsignal wiederholt wird**.

Das alpine Notsignal ist auf jedem Alpenvereinsausweis auf der Rückseite abgedruckt.

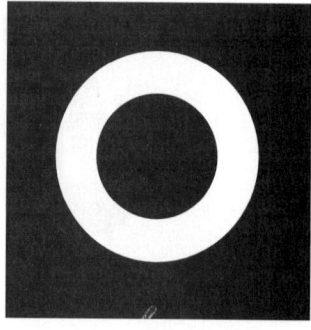

In den romanischen Ländern (Frankreich, Italien, Westalpenbereich) wird ein weithin sichtbares Zeichen als Notsignal benutzt. Ein quadratisches rotes Tuch (Seitenlänge 1 m) mit einem weißen Ring (Innendurchmesser 60 cm, Ringbreite 15 cm) wird so ausgelegt, daß es aus der Richtung zu erkennen ist, aus der die Hilfe erwartet wird.

Die in den letzten Jahren zunehmende Verwendung von Hubschraubern bei der Rettung aus Bergnot hat neue Verständigungsmethoden notwendig gemacht. Bei Sichtverbindung sind **Armzeichen** und **farbige Leuchtzeichen** folgender Art festgelegt.

Zeichen		Bedeutung
• Beide Arme schräg hoch oder • Leuchtzeichen jeder Farbe		• **JA** auf abgeworfene Fragen • **Hier landen** • **Wir brauchen Hilfe**
• Linker Arm schräg hoch, rechter Arm schräg abwärts oder • keine Leuchtzeichen		• **NEIN** auf abgeworfene Fragen • **Nicht landen** • **Wir brauchen keine Hilfe**

Die Armzeichen leiten sich beim JA vom Y des englischen „YES", bei NEIN vom N des „NO" ab. Achtung! Wie oben erwähnt, bedeutet **jedes** Leuchtzeichen, daß Hilfe benötigt wird. Die Bedeutung „rot = Hilfe/grün = keine Hilfe" ist **nicht** festgelegt.

Rauchsignale, Zeichen im Schnee und leuchtstarke Anoraks erleichtern das Auffinden aus der Luft.

Bei Meldung an die Bergwacht/Bergrettung müssen die Angaben über den Unfall kurz und exakt sein. Man präge sich das „5-W- Schema" ein:

- **WAS** ist geschehen? (Art des Unfalles, Anzahl der Verletzten)
- **WANN** war der Unfall?
- **WO** passierte der Unfall, wo ist der Verletzte? (Karte, Führer)
- **WER** ist verletzt, wer macht die Meldung? (Personalien)
- **WETTER** im Unfallgebiet? (Sichtweite)

Der Hubschrauber kann nicht an jeder beliebigen Stelle landen oder Verletzte aufnehmen. Folgende Punkte sind zu beachten:

1. Horizontaler Platz von etwa 20 x 20 m, keine Querneigung, nicht in Mulden.

2. Ausrüstungsgegenstände vor Rotorwind sichern, Gefahr für Hubschrauber!

3. Hindernisse im An- und Abflugsektor in 100 m Distanz vom Landeplatz nur maximal 15 m hoch! Achtung auf Stahlseile von Material-Seilbahnen und Stromkabel!

4. Weichen, pulvrigen Schnee festtreten, auf 20 x 20 m Fläche!

5. Windrichtung anzeigen! Rücken gegen Wind, Arme seitwärts, vor dem Landeplatz stehenbleiben, bis Hubschrauber-Rotor stillsteht!

6. Warten bis Rotor stillsteht oder der Pilot Zeichen zur Annäherung gibt!

7. Sich dem Hubschrauber nur von vorn und von unten herauf gebückt nähern!

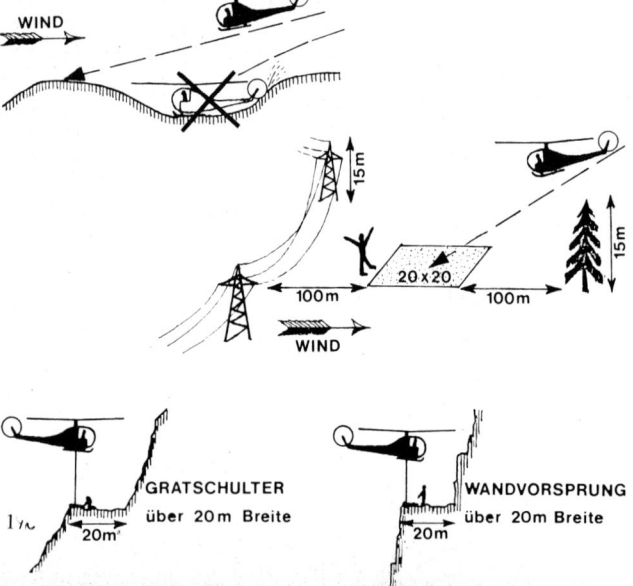

Rettung durch Hubschrauber kann nicht immer erwartet werden. Bei Schlechtwetter – das kann tagelang dauern – können Hubschrauber (Sichtflug) **nicht** eingesetzt werden.

Etwas Sicherungstheorie

Die Sicherungstheorie betrifft die Sturz- und Belastungsvorgänge im Seil und dessen Reaktion auf die übrigen Glieder der Sicherungskette, die da sind: Haken, Karabiner, Klemmkeile, Klemmgeräte, Sanduhrschlingen, Zackenschlingen, Brust- und Sitzgurt.

Statisch oder dynamisch wirkende Sicherungsmethoden?

Zwei verschieden wirkende Sicherungsmethoden sind möglich:

- **Statisch** wirkende Sicherungsmethoden blockieren bei Sturzbelastung das Seil, lassen also keinen Seildurchlauf zu.

- **Dynamisch** wirkende Sicherungsmethoden lassen bei Sturzbelastung einen kontrollierten Seildurchlauf durch eine dafür geeignete Bremsvorrichtung (Kameradensicherung) bis zum Stillstand des Sturzes zu.

Statisch wirkende Sicherungsmethoden belasten die Sicherungskette im Fall eines Sturzes maximal, was bei größerem Sturzfaktor wegen der daraus resultierenden größeren Fangstoßkraft (Seilkraft) vermieden werden muß, da die Haltbarkeit der Sicherungspunkte nicht immer sicher abgeschätzt werden kann und bei hohen Belastungen in Frage gestellt ist.

Dynamisch wirkende Sicherungsmethoden bauen die hohe Fangstoßkraft ab, die Belastung der Sicherungskette ist erheblich geringer (siehe Skizze rechts). Der günstigste Bremskraftbereich liegt zwischen 2 und 4 kN (etwa 200 bis 400 kp).

Ein Teil des Seildurchlaufs durch die Bremsvorrichtung (Kameradensicherung) wird durch die geringere Fangstoßdehnung kompensiert, so daß sich die Sturzstreckenverlängerung gegenüber statisch wirkenden Sicherungsmethoden in vertretbaren Grenzen hält. Auch Zwischensicherungen reduzieren den Seildurchlauf durch die Seilreibung im Karabiner, so daß sich die Sturzstreckenverlängerung in der Regel noch weiter reduziert.

Im Rahmen der Optimierung der Überlebenschancen der ganzen Seilschaft muß die (relativ geringe) Sturzstreckenverlängerung wegen des notwendigen Vorteils der geringeren Belastung der gesamten Sicherungskette in Kauf genommen werden.

Das Fangstoß-Sturzstreckenverlängerungsdiagramm zeigt für einen 20 m hohen Faktor-2-Sturz die Abnahme des Fangstoßes und die daraus folgende Sturzstreckenverlängerung.

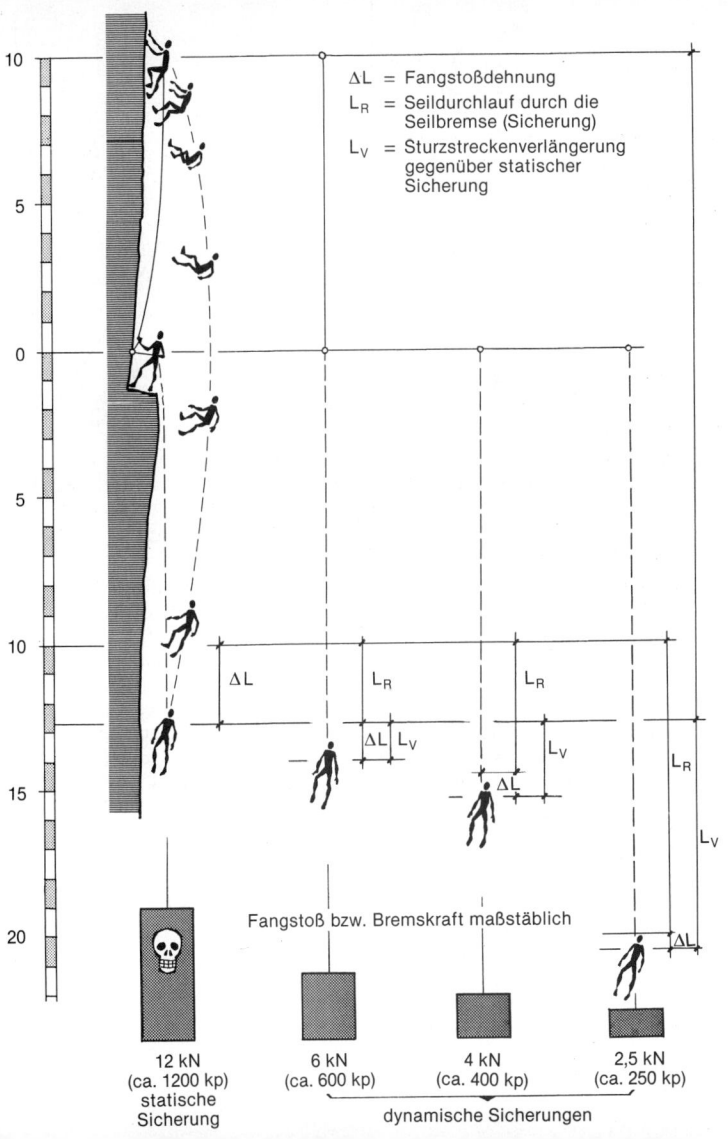

ΔL = Fangstoßdehnung
L_R = Seildurchlauf durch die Seilbremse (Sicherung)
L_V = Sturzstreckenverlängerung gegenüber statischer Sicherung

Fangstoß bzw. Bremskraft maßstäblich

12 kN (ca. 1200 kp) statische Sicherung

6 kN (ca. 600 kp)

4 kN (ca. 400 kp)

2,5 kN (ca. 250 kp)

dynamische Sicherungen

Fangstoßkraft, Bremskraft, Fallenergie

Unter Fangstoßkraft versteht man die maximale Kraft im Seil (besser die Fangstoßamplitude), welche beim Abfangen des Stürzenden im Seil auftritt. Hat ein Kletterer die freie Fallhöhe durchfallen, so beginnt sich das Seil zu dehnen und eine wachsende, den Sturz verzögernde Kraft auf den stürzenden Körper so lange auszuüben, bis diese Kraft den Wert der Bremskraft der dynamisch wirkenden Sicherungsmethode erreicht. Sodann läuft das Seil mit annähernd konstanter Bremskraft so lange durch die Bremsvorrichtung, bis die Fallenergie durch das Bremsen zwischen Bremsvorrichtung und Seil absorbiert worden ist. Sind Zwischensicherungen vorhanden, nimmt auch die Seilreibung im Karabiner einen Teil der Fall energie auf. Gleiches gilt bei Seilreibung an Fels- und Eiskanten. Die Fallenergie wird also von verschiedenen Komponenten des gesamten Seilsicherungssystems aufgenommen, im einzelnen:

- vom Seil durch Dehnung,
- von der Bremsvorrichtung durch Seilreibung,
- von Zwischensicherungen durch Seilreibung im Karabiner,
- von Fels- und Eiskanten durch Seilreibung,

180

- von Schlingen an Zwischensicherungen durch Dehnung,
- vom Anseilknoten durch sein Zusammenziehen
- und von anderen mit geringerem Anteil.

Je mehr Komponenten – in erster Linie Zwischensicherungen – Fallenergie aufnehmen, desto weniger trifft auf die Bremsvorrichtung, desto weniger Seildurchlauf tritt auf. Dies kann so weit gehen, daß das Seil gar nicht durchrutscht, die Kameradensicherung also **statisch** wirkt. Die gesamte Fallenergie ist dann von den übrigen Komponenten aufgenommen worden. Diese Situation tritt vor allem bei niedrigem Sturzfaktor auf. Die Kameradensicherung am Standplatz erfährt dann eine Belastung, die unterhalb ihrer Bremskraft liegt.

Tritt Seildurchlauf an der Bremsvorrichtung auf, wird die Kameradensicherung **dynamisch**, wird sie in der Höhe ihrer Bremskraft belastet.

Seildurchlauf und Fangstoßdehnung

Bei dynamisch wirkender Sicherung rutscht das Seil eine gewisse Strecke kontrolliert durch die Bremsvorrichtung. Der Seildurchlauf ist um so größer, je mehr Fallenergie abgefangen werden muß und je niedriger die Bremskraft der Sicherungsmethode ist.

Auf Grund der Bremskraft bzw. auf Grund des im Seil auftretenden Fangstoßes dehnt sich das Seil. Diese Seildehnung nennt man Fangstoßdehnung.

Sturzfaktor und Fangstoßkraft

In allen Sturzsituationen nimmt das Seil durch Dehnung Fallenergie auf. Steht viel Seil für das Abfangen eines Sturzes zur Verfügung, kann sich auch viel Seil dehnen, was eine niedrige Fangstoßkraft zur Folge hat. Steht dagegen wenig Seil zur Verfügung, kann sich auch nur wenig Seil dehnen, was zu einer höheren Fangstoßkraft führt. Dieses Verhältnis zwischen Fallhöhe und ausgegebener Seillänge nennt man Sturzfaktor:

$$\text{Sturzfaktor} = \frac{\text{Fallhöhe in m}}{\text{ausgegebene Seillänge in m}} \quad \text{(dimensionslos)}$$

Erreicht die Fangstoßkraft an der Bremsvorrichtung (Kameradensicherung) den Wert ihrer Bremskraft, rutscht das Seil durch, die Sicherung wirkt dynamisch. Die HMS wirkt etwa ab Sturzfaktor 0,8 dynamisch.

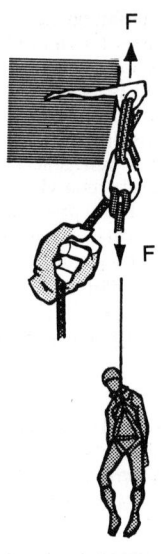

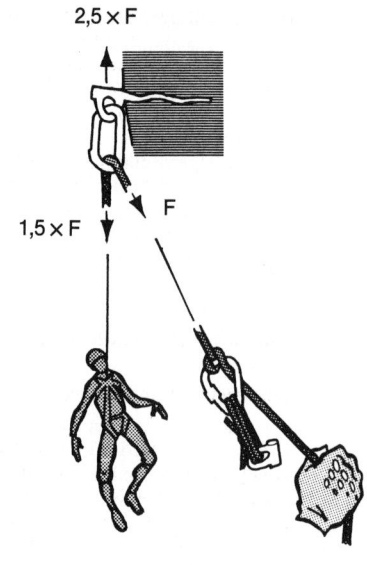

| Belastung des Standhakens durch die einfache Bremskraft | Belastung der Zwischensicherung durch die 2,5fache Bremskraft |

Welche Sicherungsmethode ist zu wählen?

Drei Überlegungen zeigen die deutlichen Vorteile der Halbmastwurf-sicherung (HMS) gegenüber allen anderen derzeit bekannten Siche-rungsmethoden:

- Je niedriger die Bremskraft, desto besser für die Belastung der Sicherungskette. Diese Erkenntnis kann jedoch nicht beliebig aus-gedehnt werden, da die Bremskraftreduzierung durch die Brems-seilreserve (auch durch die Sturzstreckenverlängerung) ihre Gren-zen hat. Es muß deshalb zwischen Bremskraftreduzierung und erforderlicher Bremsreserve sowie möglicher Sturzstreckenverlän-gerung optimiert werden. Die Sicherungmethode muß im Brems-kraftbereich von 2 bis 3,5 kN (etwa 200 bis 350 kp) liegen.

- Sicherungspunkte am Standplatz werden im Sturzfall mit der einfachen Fangstoßkraft belastet, der Stürzende dagegen, aufgrund der Seilreibung im Karabiner der Zwischensicherung, mit der 1,5-fachen Fangstoßkraft. Die Belastung der Zwischensicherung erfolgt durch die vektorielle Summe beider (!) Kräfte, liegt also grob gerechnet in der Größenordnung des 2,5-fachen (!) Fangstoßkraft. Folglich soll die Bremskraft bei Sturzzugrichtung nach oben (Zwischensicherung) niedriger sein als bei Sturzzugrichtung nach unten.

- Eine optimal wirkende Sicherungsmethode muß allein durch Reflexreaktion des Sichernden funktionieren. Sicherungsmethoden, die über Reflexreaktionen hinausgehende weitere Reaktionen des Sichernden (Hand hochreißen) erforderlich machen, haben in der Praxis mehrfach versagt.

Alle diese drei Anforderungen erfüllt nur die **Halbmastwurfsicherung (HMS)**.

Sicherung am Körper oder am Fixpunkt?

Der Körper des Sichernden kann praktisch keine Fallenergie aufnehmen. Da der Sichernde schon bei sehr geringen Kräften (siehe Skizze) in die Wirkungslinie der Sturzzugkraft gerissen wird, und weil die Fangstoßkräfte teilweise größer sind als die angegebenen, besteht Verletzungsgefahr für den Sichernden. Er wird durch das Aus-dem-Stand-Reißen außerdem noch in seiner notwendigen Bremsreaktion (Schließen der Bremshand um das Bremsseil) behindert. Aus der Forderung, die Überlebenschancen der ganzen Seilschaft zu optimieren, folgt: Kameradensicherung am Fixpunkt!

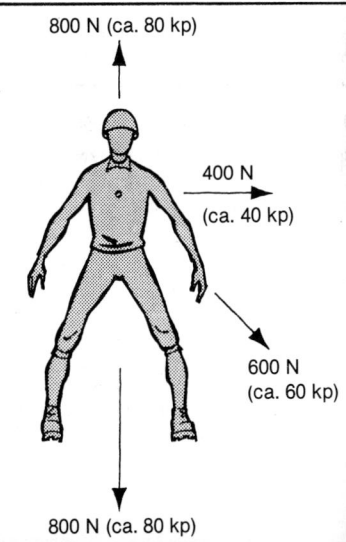

800 N (ca. 80 kp)

400 N (ca. 40 kp)

600 N (ca. 60 kp)

800 N (ca. 80 kp)

Nur bei Seilzugrichtung nach oben ist das Sichern am Körper zulässig, allerdings nur unter der Voraussetzung, daß keine Gefahr des Anschlagens an ein Dach oder einen Überhang besteht. Je kleiner der Sturz und je mehr Zwischensicherungen vorhanden, desto geringer ist die Gefahr, aus dem Stand gerissen zu werden.

Belastungs- und Bremsvorgang beim Spaltensturz

Auf dem Gletscher ist die ganze Seilschaft in Bewegung (im Gehen), deshalb ist der Belastungs- und Bremsvorgang bei einem Spaltensturz anders als bei einem Sturz im Fels.

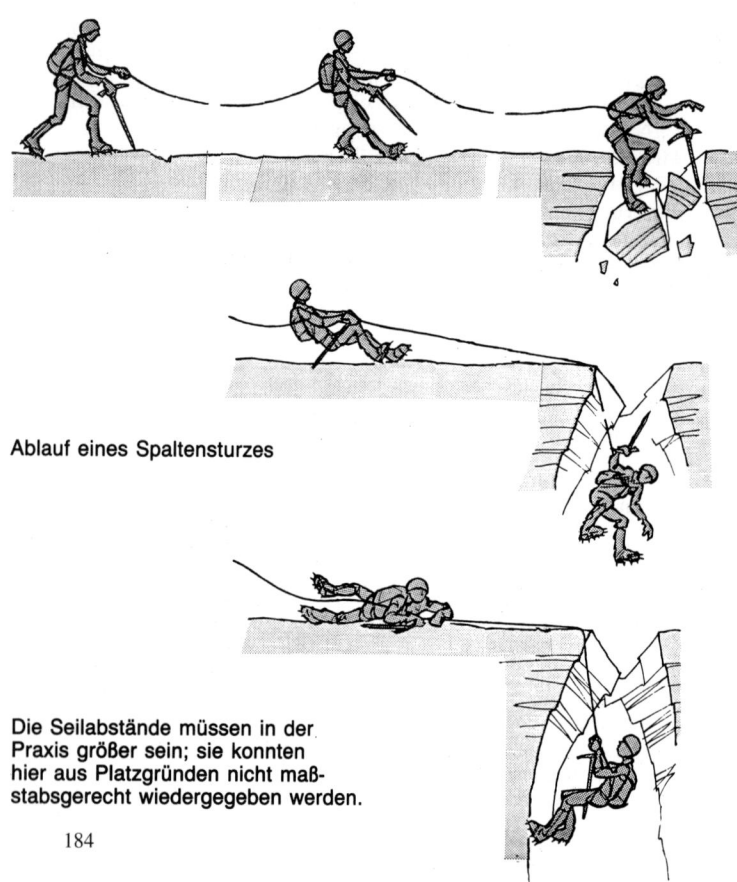

Ablauf eines Spaltensturzes

Die Seilabstände müssen in der Praxis größer sein; sie konnten hier aus Platzgründen nicht maßstabsgerecht wiedergegeben werden.

184

Das Seil wird im Augenblick, da der Stürzende in der Spalte verschwindet, sofort belastet. Die Kraft, die auf den Seilnächsten trifft, liegt in der Größenordnung von 1,5 bis 2 kN (etw 150 bis 200 kp). Da jeder Mensch mit einer horizontal oder vertikal wirkenden Kraft in der Größenordnung von 200 bis 500 N (etwa 20 bis 50 kp) aus dem Stand gerissen wird, kann der nachfolgende Seilzweite den Spaltensturz nicht halten und wird zu Boden gerissen (Verletzungsgefahr, Knochenbrüche, Luxationen usw.). Meist geschieht dies auch noch mit dem Seildritten.

Die zu Boden Gerissenen werden so lange in Richtung Spaltenrand gezogen, bis die Fallenergie (Gewicht des Stürzenden mal Fallhöhe) durch die Reibung zwischen Seil und Spaltenrand sowie zwischen den Körpern der zu Boden Gerissenen und der Gletscheroberfläche (jeweils Reibkraft mal Bremslänge) aufgenommen worden ist. Ist der Spaltensturz abgefangen, wirkt auf den zu Boden Gerissenen weiter eine Kraft von etwa 500 N (etwa 50 kp).

Reicht die Bremswirkung nicht aus und ist die Spalte tief genug, folgen die übrigen Seilpartner dem Seilersten in die Spalte.

Schlußbetrachtung

Viel hat sich während des letzten Jahrzehnts auf dem Gebiet der alpinen Sicherheit getan. Die Ausrüstung wurde in einem nie zuvor gekannten Maß verbessert, die Sicherungsmethoden optimiert, und die Ehrfurcht vor dem Berg ist einer sachlicheren Betrachtungsweise gewichen.

Dies alles darf nicht darüber hinwegtäuschen, daß die objektiven Gefahren am Berg geblieben sind, und daß der Mensch nach wie vor mit Unzulänglichkeiten behaftet ist. Nach der alpinen Unfallstatistik sind rund 80% aller Unfälle auf menschliches Versagen und damit auf Selbstverschulden zurückzuführen.

All das in dieser Lehrschrift über Ausrüstung, Technik und Sicherheit Gesagte möge dazu beitragen, die Zahl der vermeidbaren Unfälle zu reduzieren. Die übrigen, die unvermeidbaren, die man dem „Schicksal" zuschreiben muß, sind zahlenmäßig immer noch genug.

Stichwortverzeichnis
(Seitenzahlen)

Anhang zur Kameradensicherung

(Fortsetzung von Seite 85)

Grigri-Sicherung

Ein Sicherungsgerät, das auf dem Prinzip der Blockierung des Sicherheitsgurtes im Auto beruht: bei plötzlicher Seilbelastung Blockierung des Seiles. Mit einem ausklappbaren Hebel wird die Blockierung wieder gelöst. **Achtung:** Das Gerät macht den Eindruck eines automatisch wirkenden Sicherungsgerätes, was es ist (siehe Gebrauchsanleitung) **nicht** ist. Deshalb **muß die Bremshand immer das Bremsseil** (Seil hinter der Bremse) **umschließen**, und zwar beim Lösen der Seilblockierung mit dem ausklappbaren Hebel **fest** umschließen. Handhabung am Körper (in der Anseilschlaufe des Hüftgurtes). **Unbedingt Gebrauchsanleitung beachten! Ausreichende Übung** erforderlich, am besten beim Toprope-Ablassen ein bis zwei Meter über sicherem Boden.

Da es sich um ein **statisch** wirkendes Sicherungsgerät handelt, nur geeignet für kleinere Stürze und in gut abgesicherten Routen (Sportkletterbereich), **nicht für alpines Klettern** (schlechte Absicherung, größere Sturzhöhen, hoher Fangstoß).

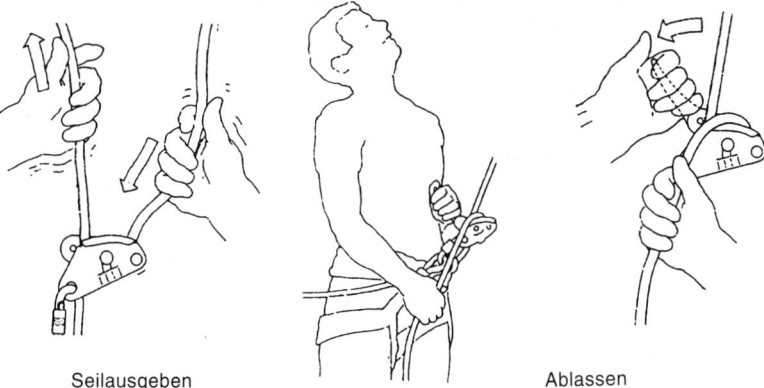

Seilausgeben   Ablassen

(Zeichnungen entnommen der Diplomarbeit „Zur Funktion und Wirkung von Sicherungsgeräten beim Klettern", Peter Randelzhofer, Fachhochschule München, 1996)

Pit Schubert, Jahrgang 1935 ist seit 1953 in den Bergen unterwegs, klettert seit 1959 extrem und nahm an vier Expeditionen teil, davon an zweien als deren Leiter. Ihm gelangen mehr als drei Dutzend Erstbegehungen in den Alpen und in den außereuropäischen Gebirgen, in letzteren auch etliche Erstbesteigungen. Er zählt zu den ersten fünf Deutschen, die alle drei großen Nordwände (Eiger, Matterhorn, Jorasses) durchstiegen haben. Er hat weiter viele der bedeutendsten Fels- und Eiswände der Alpen durchstiegen.

Als Maschinenbau-Ingenieur war er eineinhalb Jahrzehnte in der Luft- und Raumfahrt als Entwicklungs- und Projektingenieur tätig. Somit vorbelastet, war es naheliegend, ihn 1968 als Gründungsmitglied in den DAV-Sicherheitskreis zu berufen, dessen Leiter er seitdem ist. Eine Vielzahl von Material- und Methodenuntersuchungen im Rahmen der Sicherheitsarbeit des Deutschen Alpenvereins wurde von ihm richtungsweisend gestaltet. Die Grundlagenforschung auf dem alpinen Sicherheitssektor hat wesentliche Impulse durch seine Arbeit erfahren. Die heute anerkannte Sicherungstheorie hat er grundlegend gestaltet. Er ist derzeit Präsident der UIAA-Sicherheitskommission, in der er auch das Amt des Technischen Direktors für den deutschen Sprachraum bekleidet. Auf seine Initiative hin wurden die bestehenden UIAA-Normen und DIN-Normen sowie inzwischen die EURO-Normen geschaffen. Seit 1978 widmet er sich beim Deutschen Alpenverein hauptberuflich der alpinen Sicherheitsarbeit und der Unfallforschung.

Kantengeprüft

herkömmliches Seil
conventional rope

STRATOS 8000+

Kernelement mit
Monofilen umflochten

Mantel

Kernelement

STRATOS 8000+

Im Gegensatz zu herkömmlichen Seilen sind beim STRATOS 8000+ die außenliegenden Kernelemente mit einem Polyamidmonofil umflochten. Dadurch hält STRATOS 8000+ bei einem Scharfkantensturz über eine 0,75 mm scharfe Kante (UIAA Standard 5 mm)

Wenn Sie mehr über *EDELWEISS BERGSPORTPRODUKTE* wissen wollen, wenden Sie sich bitte an Ihren Bergsportfachhändler oder direkt an uns.
Teufelberger Ges.m.b.H., Vogelweiderstr. 50, 4600 Wels, AUSTRIA
Tel.: ++43-7242-413-0, Fax: ++43-7242-413-169

ISBN 3-7633-6082-4

9 783763 360826

€ 9,90 [D]